kosmos

Gisela Sartorius

Mischkultur und Fruchtwechsel

Gisela Sartorius

Mischkultur und Fruchtwechsel

Franckh-Kosmos

Mit 16 Farbfotos von:
Johannes Apel, Baden-Baden: 17; Gisela Sartorius, Frankfurt: 35 o., 37 o.l., 37 o.r., 37 u.l., 37 u.r., 38 o., 55 o., 55 u., 56 o., 56 u.; Jürgen Wolff, Gengenbach: 18 o., 18 u., 35 u., 36, 38 u.

Mit 13 Zeichnungen von Karin Aichele, Ostfildern
Vignetten von Marianne Golte-Bechtle, Stuttgart

Umschlaggestaltung von Atelier Reichert, Stuttgart, unter Verwendung von vier Farbfotos von Jürgen Wolff, Gengenbach (Vorderseite, großes Bild) und Reinhard-Tierfoto, Heiligkreuzsteinach-Eiterbach (zwei kleine Bilder Vorderseite und Rückseite)

Alle Angaben in diesem Buch sind sorgfältig geprüft und geben den neuesten Wissensstand bei der Veröffentlichung wieder. Da sich das Wissen aber laufend in rascher Folge weiterentwickelt und vergrößert, muß jeder Anwender prüfen, ob die Angaben nicht durch neuere Erkenntnisse überholt sind. Dazu muß er zum Beispiel Beipackzettel lesen und Gebrauchsanweisungen und Gesetze beachten.

Die Deutsche Bibliothek –
CIP-Einheitsaufnahme

Sartorius, Gisela:
Mischkultur und Fruchtwechsel : [Gewürzkräuter, Obst und Blumen im Mischkulturgarten] / Gisela Sartorius. – 2. Aufl. – Stuttgart : Franckh-Kosmos, 1992
ISBN 3-440-06376-3

2. Auflage, 1992

Lektorat: Angelika Throll-Keller
Herstellung: Kirsten Raue
ISBN 3-440-06376-3
Printed in Germany / Imprimé en Allemagne
Satz: G. Müller, Heilbronn
Herstellung: Huber KG, Dießen

Mischkultur und Fruchtwechsel

Warum Fruchtwechsel und Mischkultur?

Bedeutung der Begriffe Fruchtwechsel und Mischkultur

Fruchtwechsel und Mischkultur sind keine Erfindungen des modernen landwirtschaftlichen Anbaues. Unsere Vorfahren wußten bereits um die Vorzüge einer ausgeprägten Fruchtfolge, denn sie führten bis etwa zur Wende des 18. zum 19. Jahrhundert die sogenannte *Dreifelderwirtschaft* durch. Hier fand ein Wechsel zwischen Wintergetreide, Sommergetreide und Brache statt, wobei unter Brache intensiver Bewuchs mit Wildpflanzen (Unkraut) jeglicher Art zu verstehen war. Diese Brache bewirkte einen Ausgleich für das Einseitige der Getreidejahre. Im 19. Jahrhundert hielt dann die verbesserte Dreifelderwirtschaft Einzug, in der Hackfrüchte und Klee die Brache abwechselnd ersetzten.

> Unter **Fruchtwechsel** verstehen wir also den Anbau jährlich wechselnder Pflanzenarten auf derselben Fläche und mehrjährige Anbaupausen derselben oder verwandter Arten.
>
> Dagegen ist die **Mischkultur** durch den gleichzeitigen Anbau verschiedener Pflanzenarten auf einem Beet gekennzeichnet; es findet ein permanenter Fruchtwechsel statt, ein ständiges Ineinanderschieben von Vor-, Zwischen-, Haupt- und Nachkulturen.

Eine vielseitige Mischkultur setzt sich nicht nur aus verschiedenen Gemüsearten zusammen, sondern schließt ebenso Gewürzkräuter, Erdbeeren, Kartoffeln und Blumen ein.
Der Gegenbegriff zur Mischkultur ist die *Monokultur* mit Anbau einer einzigen Pflanzenart auf großen Flächen, wie sie heute in Landwirtschaft und Gartenbau praktiziert wird.

Bodenmüdigkeit und Fruchtfolgekrankheiten

Fruchtwechsel und Mischkultur leisten einen wesentlichen Beitrag zur Gesunderhaltung des Gartenbodens. Sie wirken der Bodenmüdigkeit und Fruchtfolgekrankheiten entgegen und sichern dadurch die Erhaltung der Bodenfruchtbarkeit und hohe Erträge.
Bei unzureichendem Fruchtwechsel im Garten stellen wir im Laufe der Jahre oft fest, daß Qualität und Erträge immer mehr nachlassen; es kommt zur sogenannten Bodenmüdigkeit. Dem Boden werden einseitig Nährstoffe entzogen, da sich jede Pflanzenart Hauptnährstoffe und Spurenelemente in ganz bestimmten, artspezifischen Verhältnissen aneignet. Um auf Dauer Schäden zu vermeiden, ist eine völlig ausgewogene, an dem Bedarf der jeweiligen Kultur orientierte Düngung erforderlich, weil sonst Mangel-, aber auch Überschuß-

erscheinungen auftreten können. Diese Nachteile wirken sich besonders auf von Natur aus weniger fruchtbaren Böden aus, während beispielsweise Lößböden die ungünstigen Auswirkungen besser kompensieren können.
Hinzu kommt, daß die Pflanzen über die Wurzeln Stoffwechselprodukte ausscheiden, die z.T. auf nachfolgende Pflanzen derselben Art wachstumshemmend wirken. Ähnliches gilt für Stoffe, die bei der Verrottung im Boden zurückbleibender Pflanzenwurzeln frei werden. Die Gefahren zu enger Fruchtfolgen liegen aber nicht nur in einseitigem Nährstoffentzug und der Anreicherung von Toxinen (giftigen Stoffwechselprodukten), sondern vor allem in bodengebundenen, artspezifischen Krankheiten und Schädlingen. Da jede Pflanzenart unter ihren eigenen bestimmten Krankheiten und Schädlingen leidet, kann es bei einer artenarmen Fruchtfolge zur seuchenartigen Ausbreitung dieser Schaderreger kommen. Dies ist dadurch zu erklären, daß viele Erreger dort im Boden überwintern, wo ihre Wirtspflanze zuvor stand (z.B. die Gemüsefliegen, Wurzelälchen, Erreger der Kohlhernie). Diese sogenannten Fruchtfolgekrankheiten können oftmals selbst bei intensivem – und im eigenen Garten unerwünschtem – Pflanzenschutzmitteleinsatz nicht ausreichend bekämpft werden. Eine Epidemie wird aber durch einen ausgewogenen Fruchtwechsel oder die Mischkultur erfolgreich verhindert: Der Schädling oder Krankheitserreger, der sich im vorherigen Jahr besonders stark vermehrt hat, findet seine Wirtspflanze im Folgejahr nicht mehr vor; statt dessen erwartet ihn eine Anzahl von Konkurrenten und Widersachern. Durch genügend große Anbaupausen werden die Erregerzyklen unterbrochen, die Erreger »ausgehungert«. Sind bereits Fruchtfolgekrankheiten im Garten aufgetreten, so hilft eine Anbaupause mit Einschaltung resistenter Pflanzenarten. Die Dauer der Anbaupause richtet sich nach der potentiellen Lebensdauer des Schaderregers; bei Kohlhernie z.B. beträgt sie sechs, beim Erreger der Roten Wurzelfäule an Erdbeeren sogar 20 Jahre! (Siehe Tabelle Seite 8.)

Vorzüge der Mischkultur

Der Fruchtwechsel hat bereits viele Vorzüge und ist vor allem für den großflächigen, erwerbsmäßigen Anbau von landwirtschaftlichen oder gärtnerischen Kulturen eine wesentliche Maßnahme, um Nachteile der Monokulturen abzuschwächen. Dagegen hat der Mischkulturenanbau dort kaum Chancen, weil er u.a. für Düngung, Pflanzenschutz und Erntemechanisierung große Probleme aufwerfen würde.
Auch im eigenen Garten sollten unbedingt die Vorteile einer ausgewogenen Fruchtfolge genutzt werden, sofern nicht sogar ein Mischkulturenanbau betrieben wird. Diese Methode ist noch komplizierter und setzt, wenn sie erfolgreich angewendet werden soll, ein hohes Maß an gärtnerischen Kenntnissen voraus. Dafür kommt die Mischkultur unseren Bestrebungen entgegen, vielfälti-

Typische Fruchtfolgekrankheiten

Schaderreger	Krankheit/Schädling	Befallene Kulturen
Bakterien	Adernschwärze	alle Kohlarten
Pilze	Kohlhernie	alle Kohlarten; auch Radieschen, Rettich und Unkräuter aus der Familie der Kreuzblütler
	Welkekrankheiten durch verschiedene Erreger, z. B.	
	– Fusarium	Bohnen, Erbsen, Spargel u. a.
	– Sclerotinia	Gurke (Gewächshaus), Klee, Stauden, Raps, Salate
	– Verticillium	Erdbeeren, Gurken
	Korkwurzelkrankheit	Tomate (Gewächshaus)
	Rhizoctonia-Schwarzfäule	Salate
	Stengelgrundfäule	Tomate
	Schorf	Kartoffel, Rote Rübe, Radieschen, Rettich
	Rote Wurzelfäule	Erdbeeren
Älchen (Nematoden)	Rübenzystenälchen	Rote Rübe, Mangold, Spinat, Kohlarten, Rettich
	Wurzelgallenälchen (verschiedene Arten)	Gurken, Tomaten, Salat, Möhren
	Kartoffelzystenälchen	Kartoffel, Tomate
	Stengelälchen	Zwiebel, Erbse, Bohne
Insekten	Kleine Kohlfliege	Kohlarten (auch Rettich)
	Möhrenfliege	Möhren, Sellerie, Petersilie
	Zwiebelfliege	Zwiebel, Porree, Schnittlauch

ge Pflanzen- und Tiergesellschaften im Garten entstehen zu lassen und ihn so zu einem Biotop zu entwickeln. Die Vielfalt des Mischkulturenanbaus wirkt bunter und abwechslungsreicher; hat man sich erst einmal daran gewöhnt, erscheint die »normale« Beetkultur monoton und langweilig!

Darüber hinaus bietet die Mischkultur eine Reihe weiterer Vorzüge:

- Der Boden ist das ganze Jahr über mit Pflanzen unterschiedlicher Entwicklungsstadien bedeckt, so daß immer eine mehr oder weniger starke Bodenschattierung vorhanden ist. Dadurch entsteht eine Schattengare mit Vorteilen wie gleichmäßiger Feuchtigkeit und krümeligem Zustand.
- Infolge der besseren Bodenbedekkung wird das Unkrautwachstum unterdrückt.
- Mischkulturen sind besonders ertragreich; durch die gestaffelten Anbautermine gehen die Ernten nahezu lückenlos ineinander über. Die Beetfläche wird besser genutzt als bei Monokulturen.
- Die größere Vielfalt stärkt das natürliche Gleichgewicht, insbesondere im Boden. Der Bodenmüdigkeit und einer massenhaften Schädlingsvermehrung wird entgegengewirkt.

Es sollte uns auch zu denken geben, daß Mischkulturen heute noch einen hohen Stellenwert in den Entwicklungsländern der Tropen und Subtropen genießen. Sie bieten dort eine Absicherung, wenn eine Teilfrucht ausfällt, es treten weniger Krankheiten und Schädlinge auf, und die gefürchtete Bodenerosion (Abtragung der humusreichen oberen Bodenschicht durch Wind und Wasser) wird vermindert. Ein Beispiel hierfür ist die Kombination von Mais und Sojabohnen.
Über die genannten Vorzüge hinaus findet man in der Literatur zuweilen die Behauptung, Produkte aus Mischkulturenanbau schmeckten besser. Dies läßt sich sicher nicht so verallgemeinern. »Geschmack« ist ohnehin eine recht subjektive Empfindung und wird von sehr vielen Faktoren beeinflußt.

Vorbeugender Pflanzenschutz durch Mischkulturen?

Abgesehen davon, daß typische Fruchtfolgekrankheiten und -schädlinge im Mischkulturengarten nicht Fuß fassen können, sollen auch andere Schaderreger erfolgreich ferngehalten werden. Sind solche Wirkungen erklärbar, und auf welche Mechanismen können sie zurückgeführt werden?

- Viele Schädlinge, vor allem Thripse und Weiße Fliegen, reagieren stark auf **optische Reize** und werden von grünen Pflanzen vor braunem Hintergrund besonders angezogen. Mischkulturen mit weitgehend geschlossenem Blätterdach werden eher überflogen als Reihen mit unbedeckter Bodenfläche dazwischen. In Versuchen wurde z.B. bei Rosenkohl mit einer Kleeuntersaat der Befall durch die Mehlige Kohlblattlaus um 80% reduziert, und auch Kohlweißling und Kohleule traten kaum in Erscheinung.
- Gemüsepflanzen und Kräuter weisen häufig einen typischen, artspezifischen **Duft** auf, der den Insekten beim Auffinden ihrer jeweiligen Wirtspflanzen hilft. Beim gemeinsamen Anbau verschiedener Pflanzen

kommt es zu Duftüberlagerungen, die Schädlinge verlieren die Orientierung.

- Manche Pflanzenarten, vor allem Kräuter und Blumen mit starken Duftausscheidungen, wirken auf bestimmte Schädlinge als **Abwehrpflanzen;** diese meiden die Umgebung der betreffenden Pflanzen (Repellentwirkung).
- **Ablenkungs- und Fangpflanzen** ziehen den Schädlingsbefall auf sich und schützen zugleich die Hauptkultur. Ein bekanntes Beispiel ist der Anbau von Kapuzinerkresse unter Obstbäumen als »Magnet« für Blattläuse. Auberginen können im Folien- oder Kleingewächshaus Paprikapflanzen vor Spinnmilbenbefall schützen. Die Methode der besonders anfälligen

Die Überlagerung verschiedener optischer Reize, vor allem aber unterschiedliche »Duftnoten« verwirren die Schädlinge bei der Suche nach ihren Wirtspflanzen.

Ablenkungs- und Fangpflanzen ist allerdings nicht ohne Risiko für die Hauptkultur!

- Je größer die **Wirtspflanzenabstände** im Bestand, desto geringer die Gefahr der Ausbreitung von Krankheiten und Schädlingen, weil die nicht anfälligen Gewächse zwischen den Wirtspflanzen oft wie eine Barriere wirken.
- Mischkulturen fördern die Entwicklung von **Nützlingen.** Dies trifft insbesondere auf Blumen im Gemüsebeet zu, da sie vielen natürlichen Feinden der Schadinsekten Nektar und Pollen als Nahrung liefern, die diese vor der Eiablage aufnehmen (z.B. Schwebfliege).

Die vorbeugende Wirkung von Mischkulturen gegen Schädlinge und Pflanzenkrankheiten ist also durchaus kein »Wunschtraum« des Gärtners, sondern eine wissenschaftlich untermauerte und in der Praxis vielfach bestätigte Theorie. Wunder darf man allerdings von dieser Anbaumethode nicht erwarten; bestimmte Schädlinge wie Blattläuse oder Schnecken, die allgegenwärtig sind und nur wenige unserer Gartenpflanzen verschonen, finden wir auch in Mischkulturen!

Die Natur kennt nur Mischkulturen

Die Mischkultur ist keine vom Menschen erfundene Methode, sondern eine Nachahmung der Natur, die keine Monokulturen kennt. Dort entwickeln sich an jedem Standort artenreiche Pflanzengesellschaften, die miteinander harmonieren und sich gegenseitig ergänzen. Beispiele hierfür sind der Mischwald und die Naturwiese, auf der sich bis zu 50 Pflanzenarten pro m^2 finden! Diese natürlichen Pflanzengemeinschaften bilden sogar mit den Tieren innerhalb ihres Lebensraumes eine Art Interessengemeinschaft (Biozönose). Vor allem aber fördert die Artenvielfalt im Pflanzenbestand ein reichhaltiges Bodenleben und wirkt sich günstig auf die Bodengesundheit aus. Da jede Pflanzenart in Hinblick auf Nährstoffentzug, Bodenlockerung durch das Wurzelwerk, Ausscheidung von Stoffwechselprodukten etc. mit dem Boden »anders umgeht«, führt ein Mischbestand zu größerer Ausgeglichenheit der Vorgänge im Boden.

Eine solch harmonische Pflanzengemeinschaft auf dem Gartenbeet herzustellen, ist unsere Aufgabe im Mischkulturengarten!

Grundsätze des Fruchtwechsels

Pflanzenverwandtschaften beachten

Das Beachten der Pflanzenverwandtschaften ist das wichtigste Kriterium für die Fruchtfolgegestaltung, weil in erster Linie hierdurch den Fruchtfolgekrankheiten entgegengewirkt wird.
Verwandte Pflanzenarten gehören derselben botanischen Familie an und werden in der Regel von den gleichen Krankheiten und Schädlingen befallen. Der Nachbau miteinander verwandter Gartenpflanzen sollte daher unbedingt vermieden werden, so beispielsweise Kohlarten nach Radieschen (siehe Tabelle Seite 14).
Es gibt einige Kulturen, die als *selbstverträglich* gelten und ohne negative Auswirkungen über Jahre hinweg auf demselben Gartenbeet angebaut werden können. Hierzu zählen z.B. Porree, Dicke Bohne, Zuckermais, Kartoffel und vor allem die Tomate. Dagegen vertragen die meisten anderen Gemüsearten den Nachbau nach sich selbst sehr schlecht.
Die Ursache liegt darin, daß die Pflanzen auf Stoffwechselprodukte derselben Art, die aus lebenden oder abgestorbenen Pflanzenteilen frei werden, unterschiedlich empfindlich reagieren. Die Selbstverträglichkeit gilt aber nur in bezug auf Wurzelausscheidungen oder Pflanzenüberreste im Boden; tritt dagegen eine Fruchtfolgekrankheit auf, ist die Katastrophe da. Deshalb sollten auch Tomaten jedes Jahr einen neuen Platz im Garten finden!

Wechsel zwischen Starkzehrern und Schwachzehrern

Früher war eine *Dreitrachten*-Fruchtfolge üblich, die folgende Merkmale aufwies:
Die erste Tracht stand im Anschluß an eine Stallmistdüngung und umfaßte starkzehrende Pflanzenarten. Im Jahr nach der Stallmistgabe folgten mittelstark zehrende Kulturen, im zweiten Jahr danach die Schwachzehrer und stickstoffsammelnden Pflanzen (Leguminosen wie Bohnen und Erbsen), die nicht oder negativ auf eine Stallmistdüngung reagieren.
Dieses traditionelle Fruchtfolgesystem ist jedoch heute in mancherlei Hinsicht überholt. Zunächst einmal war man zur damaligen Zeit auf Stallmist als Dünger angewiesen; heute dagegen bestehen oftmals Schwierigkeiten bei der Beschaffung, insbesondere in städtischen Gebieten. Dies trifft vor allem auf Rinderstallmist zu, der als besonders wertvoller Pflanzendünger gilt. Der Stallmist müßte entsprechend durch Kompost und organische Handelsdünger ersetzt werden, die ebenfalls noch zwei bis drei

Die Kreuzblütler (Kruziferen), zu denen alle Kohlarten, Rettich und Radieschen, aber auch viele Unkräuter gehören, werden von ihren »eigenen« Krankheiten und Schädlingen befallen. Viele Schaderreger haben sich auf Pflanzenarten aus bestimmten botanischen Familien spezialisiert.

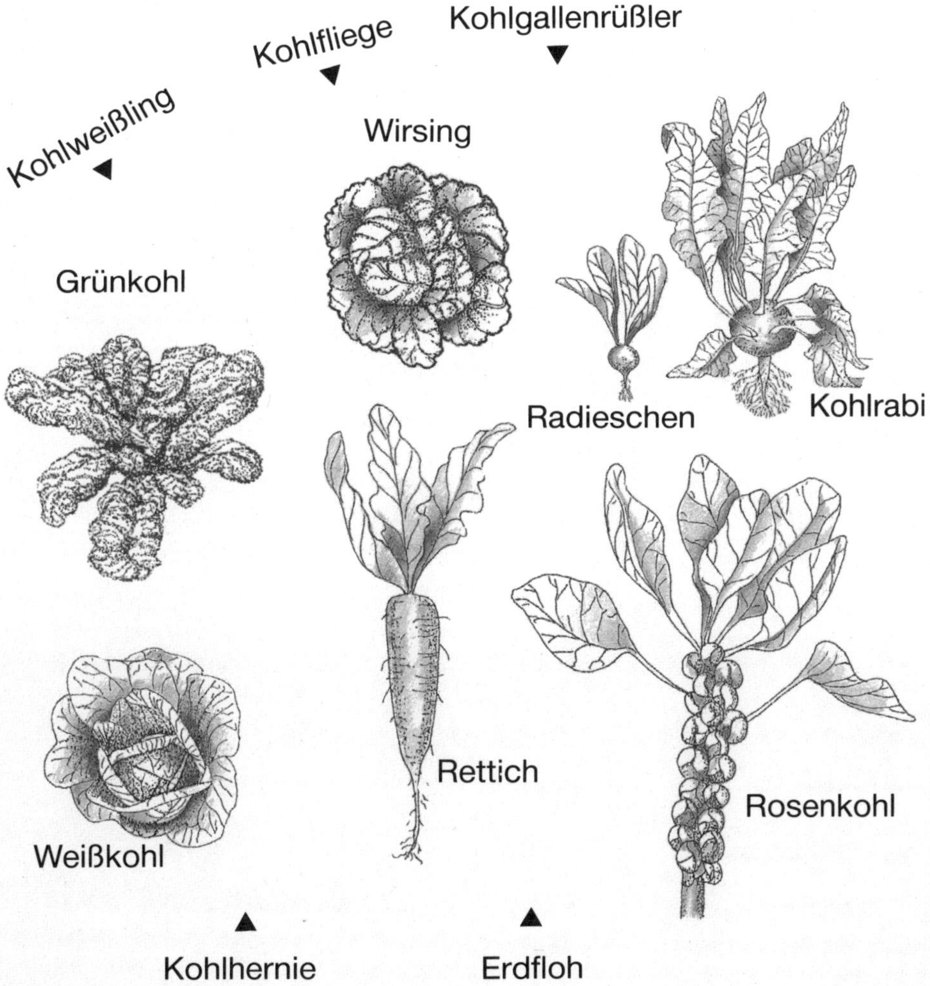

Fruchtwechsel

Botanische Familien wichtiger Gartenpflanzen

Familienzugehörigkeit	**Gemüse (einschl. Erdbeeren)**	**Kräuter**
Baldriangewächse	Feldsalat	
Doldenblütler	Möhre, Sellerie, Pastinake, Knollenfenchel	Petersilie, Dill, Kerbel, Anis, Koriander, Kümmel, Liebstöckel
Eiskrautgewächse	Neuseeländer Spinat	
Gänsefußgewächse	Mangold, Spinat, Rote Bete (= Rote Rübe)	
Gräser	Zuckermais	
Knöterichgewächse	Rhabarber	Sauerampfer
Korbblütler	Kopf-, Eis- und Pflücksalate, Endivie, Radicchio, Chicorée, Zuckerhut, Römischer oder Bindesalat, Schwarzwurzeln	Estragon, Wermut, Kamille, Ringelblume, Tagetes
Kreuzblütler	Radieschen, Rettich, Meerrettich, sämtliche Kohlarten	Kresse
Kürbisgewächse	Gurke, Zucchini, Kürbis, Melone	
Liliengewächse	Porree, Zwiebel, Spargel	Schnittlauch, Knoblauch, Knoblauch-Schnittlauch
Nachtschattengewächse	Tomate, Paprika, Aubergine, Kartoffel, Andenbeere (Kapstachelbeere)	
Portulakgewächse	Winterpostelein	
Rosengewächse	Erdbeeren	Pimpinelle
Schmetterlingsblütler	Erbsen, Bohnen	

Jahre lang Nährstoffe an die Pflanzen nachliefern.
Der Anbau ist heutzutage aber auch viel intensiver geworden. Statt einer Kultur pro Jahr wachsen heute oft zwei, manchmal sogar drei auf demselben Beet heran, so daß sich eine Einhaltung der drei Trachten kaum verwirklichen läßt.
Den Grundgedanken sollten wir jedoch bei der Fruchtfolgeplanung berücksichtigen und Gemüsearten mit unterschiedlichen Nährstoffbedürfnissen im Wechsel anbauen. Der häufige Anbau von Starkzehrern ohne entsprechende Erholungspausen für den Boden führt im Haus- und Kleingarten schnell zu unterernährten und krankheitsanfälligen Pflanzen. Dies läßt sich nur durch eine gezielte, dem Nährstoffbedarf der jeweiligen Kultur angepaßte Mineraldüngung vermeiden, die hier jedoch selten praktiziert wird.
Als Hilfestellung für die Planung dient die folgende Tabelle, in der die Kulturen ihren Ansprüchen in bezug auf den

Stickstoffbedarf wichtiger Gartenpflanzen

Starkzehrer		**Mittelzehrer**		**Schwachzehrer**	
Salatgurke	10	Rettich	6	Spargel	3
Blumenkohl	8	Brokkoli	6	Kopfsalat	3
Weißkohl	8	Grünkohl	6	Eichblattsalat	3
Rotkohl	8	Porree	6	Schwarzwurzel	3
Wirsing	8	Einlegegurke	6	Buschbohne	3
Zucchini	8	Schnittlauch	6	Erbse	3
Tomate	8	Stangenbohne	6	Feldsalat	2
Rhabarber	8	Rote Bete	5	Radieschen	2
Rosenkohl	7	Petersilie	5	Erdbeere	1
Knollensellerie	7	Kohlrabi	5		
Aubergine	7	Zuckerhut	5		
Paprika	7	Zuckermais	5		
Chinakohl	7	Möhre	5		
Kartoffel	7	Endivie	5		
		Chicorée	4		
		Eissalat	4		
		Dicke Bohne	4		
		Knollenfenchel	4		
		Zwiebel	4		
		Pastinake	4		
		Meerrettich	4		
		Radicchio	4		
		Spinat	4		

Hauptnährstoff Stickstoff entsprechend aufgeführt sind. Die im Grunde sehr grobe Einteilung nach Stark-, Mittel- und Schwachzehrern wird durch die Zifferangaben von 1 bis 10 wesentlich genauer, die die starke Abstufung der Ansprüche auch innerhalb der Gruppen verdeutlichen.

Wechsel zwischen Flachwurzlern und Tiefwurzlern

Ein Wechsel zwischen Flach- und Tiefwurzlern bewirkt, daß die Nährstoffe im Boden besser ausgenutzt werden. Dabei ist es sinnvoller, innerhalb der Kulturfolge eines Jahres zuerst flachwurzelnde Arten anzubauen und anschließend Tiefwurzler, um die durch Niederschläge in tiefere Bodenschichten ausgespülten Nährstoffe noch nutzen zu können. Dieser Aspekt des Fruchtwechsels hat seit einigen Jahren vor allem dort an Bedeutung gewonnen, wo Gartengrundstücke in Wasserschutzgebieten liegen, denn auf diese Weise läßt sich die Nitratauswaschung in das Grundwasser vermindern. Das Ziel liegt darin, den Boden bis zum Kulturabschluß im Herbst weitgehend von Stickstoff zu »entleeren«, da dieser durch Regen und Schnee in den Wintermonaten ausgespült wird und im Frühjahr von den Pflanzenwurzeln nicht mehr erreicht werden kann. Hierzu sind tiefwurzelnde und starkzehrende Gemüsearten wie die Kohlgewächse natürlich eher in der Lage als beispielsweise Kopfsalat oder Radieschen (Zeichnung Seite 19).

Zu den Flachwurzlern zählen außerdem noch Eissalat, Feldsalat, Erbsen, Kohlrabi und Spinat. Sind diese Gemüsearten als Herbstkultur vorgesehen, sollten Sie zumindest als Vorkultur einen Tiefwurzler einplanen.
Von der Durchwurzelung des Bodens hängt auch der *Vorfruchtwert* einer Kultur innerhalb der Fruchtfolge ab. Pflanzen mit einem sehr starken und dichten Wurzelwerk, wie beispielsweise Porree, hinterlassen den Boden in einem feinkrümeligen Zustand. Auch Sellerie gilt als gute Vorfrucht, während Petersilie, Rote Bete, Feldsalat, Radieschen, Rettich und Zwiebel den Boden häufig in verdichtetem und verschlämmtem Zustand hinterlassen.

Wurzel-, Blatt-, Blüten-, Frucht- und Samenpflanzen

Eine besondere Betrachtungsweise liegt der Fruchtfolgeplanung im biologisch-dynamischen Garten zugrunde. Hier wird als Vorbild die Pflanze selbst in

Seite 17:
Vielseitige Gemüse-Mischkulturen wirken einem Krankheits- und Schädlingsbefall sowie der Bodenmüdigkeit entgegen.

Seite 18:
Oben: Mischkultur aus Knoblauch, Erdbeeren und Tagetes.
Unten: Blumen und blühende Gewürzkräuter erfüllen im Gemüsegarten durch das Anlocken nützlicher Insekten (z.B. Schwebfliege) eine wichtige Funktion.

Flach- + Tiefwurzler

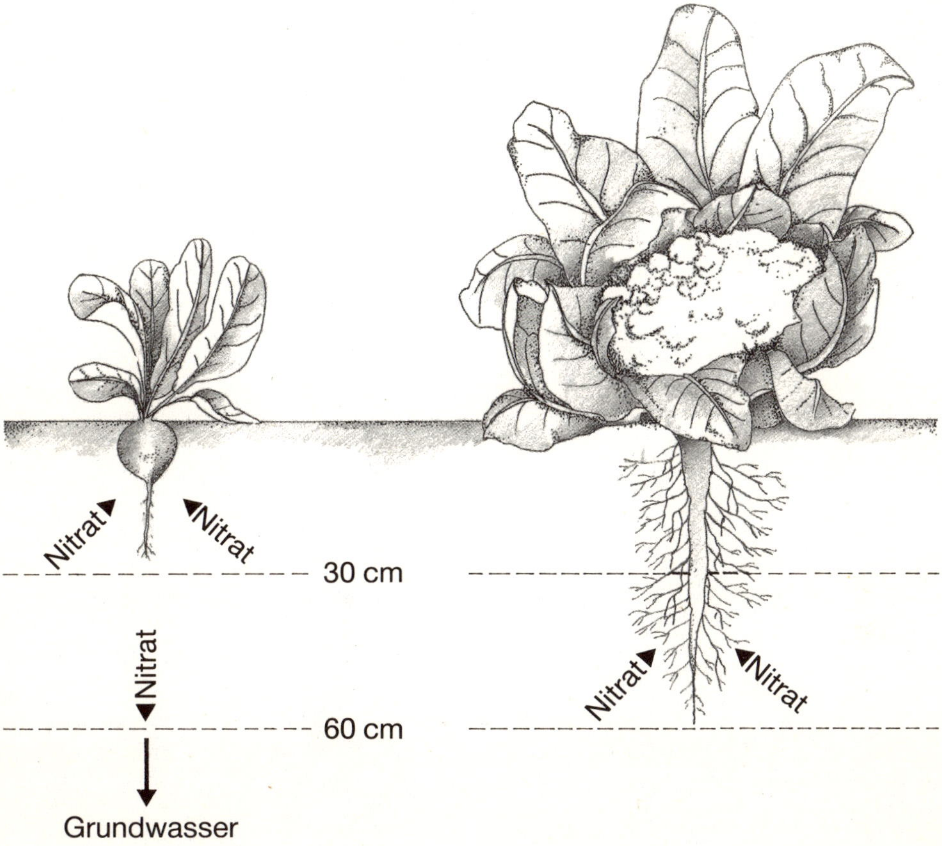

Es ist vorteilhaft, wenn innerhalb der Fruchtfolge einmal jährlich Tiefwurzler (z.B. Blumenkohl) eingeplant werden, da diese in der Lage sind, leichtlösliche Nährstoffe wie Nitrat auch in größeren Bodentiefen aufzunehmen. Bei ausschließlichem Anbau von Flachwurzlern (z.B. Radieschen) kann es leicht zur Nährstoffverlagerung in tiefere Bodenschichten und letztendlich zur Auswaschung ins Grundwasser kommen.

ihrer Fünfgliedrigkeit Wurzel – Blatt – Blüte – Frucht – Same genommen, so daß eine fünfteilige Fruchtfolge je nach ertragsbringendem Pflanzenteil entsteht. Bei jeder Kulturpflanze ist ja eines der fünf Organe so stark ausgeprägt, daß die Pflanze um seinetwillen angebaut wird. Im biologisch-dynamischen Anbau geht man davon aus, daß zur Ausbildung der jeweiligen Organe die Stoffe des Bodens in unterschiedlicher Menge herangezogen werden. Daher wird in fünfjährigem Turnus bei der Hauptkultur des Jahres, nicht jedoch bei Vor- oder Nachkulturen, die Bindung an diese Pflanzenorgane beachtet. Diese Untergliederung hat auf jeden Fall auch botanisch ihren Sinn, denn die Kulturen innerhalb dieser fünf Gruppen gehören in der Regel verschiedenen Pflanzenfamilien an, und gerade diese sollten ja bei einer zeitgemäßen Fruchtfolge wechseln, um Fruchtfolgekrankheiten zu vermeiden.

Einteilung wichtiger Gartenpflanzen nach ertragsbringendem Organ

Wurzel	**Blatt**	**Blüte**	**Frucht**	**Same**
Chicorée Kartoffeln Knollen-sellerie Kohlrüben Meerrettich Möhren Pastinaken Porree Radieschen Rettiche Rote Bete Schwarz-wurzeln Topinambur Wurzel-petersilie Zwiebeln	Blumenkohl Brokkoli Chinakohl Endivie Feldsalat Fenchel Grünkohl Kohlrabi Mangold Neuseeländer Spinat Pak Choi Radicchio Rosenkohl Rotkohl Salate Spinat Staudensellerie Weißkohl Winterpostelein Wirsing Zuckerhut	Sommer-blumen (Einjahres-blumen) Ölpflanzen wie Lein, Raps, Sonnenblumen, Mohn	Auberginen Buschbohnen Erbsen Erdbeeren Gurken Kürbisse Melonen Paprika Stangen-bohnen Tomaten Zucchini	samenbildende Kräuter und Gemüse, z.B. Anis Dill Fenchel Koriander Kümmel Bohne (Same) Erbse (Same) Zuckermais

In einzelnen Fällen ist die Zuordnung der Gemüsearten nicht ganz eindeutig. Der Porree beispielsweise könnte auch als Blattgemüse betrachtet werden, sollte aber aufgrund seiner engen Verwandtschaft mit der Zwiebel eher den Wurzelgemüsearten zugeordnet werden. Blumenkohl und Brokkoli gelten wie alle anderen Kohlarten als Blattgemüse, obwohl sie eigentlich schon eine Übergangsform zu den Blütenpflanzen darstellen, denn wir verzehren den Blütenstand mit den noch geschlossenen Knospen und erst in zweiter Linie die jungen, zarten Blätter.

Nachbau-Unverträglichkeiten

Es sind einige Fälle bekannt, in denen Pflanzen nachteilig auf bestimmte Vorkulturen reagieren, obwohl keine Verwandtschaft besteht und auch alle anderen bisher genannten Voraussetzungen für die Fruchtfolgegestaltung zutreffen. Dies gilt vor allem für den Nachbau von Kopfsalat oder Spinat im Anschluß an eine Rettichkultur. Die Ursache liegt darin, daß sich Pflanzen durch Stoffwechselprodukte beeinflussen können, die aus abgestorbenen Pflanzenteilen frei werden. Die in den Ernterückständen des Rettichs enthaltenen Senfölglykoside bzw. deren Abbauprodukte bewirken bei Salat und Spinat Kümmerwuchs.
Andere Beispiele: Möhren gedeihen erfahrungsgemäß gut nach Zwiebeln, jedoch schlecht nach Rosenkohl und Spargel. Rettich dagegen wächst als Erstkultur nach Spargel gut.

Bodengesundungspflanzen

Im Kapitel »Bodenmüdigkeit und Fruchtfolgekrankheiten« (siehe Seite 6 f.) wurden bereits mehrfach die Nematoden als gefürchtete Fruchtfolgeschädlinge angesprochen.
Nematoden, auch Älchen genannt, sind bis zu 1 mm lange, farblose Fadenwürmer, die über die Wurzeln in die Wirtspflanzen eindringen und dort ihre Eier ablegen. Daraus entwickeln sich Larven, die mit ihrem Mundstachel die Zellen aussaugen; die Folge sind kleine, kümmerliche Pflanzen, oft auch verdickte Wurzeln.
Nematodenfreie Gartenböden gibt es nicht; Schäden treten aber erst ab einer bestimmten Schwelle ein. Ein starker Nematodenbefall beruht fast immer auf einer unzureichenden Fruchtfolge!
Wird in Ihrem Garten durch den Fachmann (Pflanzenschutzamt) ein Nematodenbefall festgestellt, so kann dieser durch das Einschalten von Bodengesundungspflanzen in die Fruchtfolge wirksam bekämpft werden. Als Feindpflanze für Wandernde Wurzelnematoden wirkt die Studentenblume Tagetes. Die Nematoden dringen in die Wurzel ein und aktivieren dort bestimmte pflanzliche Wirkstoffe (u. a. α-Terthienyl), die sie abtöten. Da die Wirkstoffe nur innerhalb der Pflanze vorhanden sind und sich nicht im Boden ausbreiten, müssen die Tagetes dicht ausgesät oder gepflanzt werden. Um eine ausreichende Wirkung zu erzielen, sollten sie drei bis vier Monate auf der verseuchten Fläche stehenbleiben. Auf diese Weise

werden 80–90% der Nematoden abgetötet. Am besten sät man die Tagetes zwischen April und Juli aus und läßt sie bis zum Herbst stehen, evtl. sogar abfrieren. Blumensträuße darf man während dieser Zeit ruhig pflücken, denn wirksam sind nur die Wurzeln! Zur Nematodenbekämpfung wird meistens *Tagetes patula* verwendet; es kommen aber auch verschiedene andere Arten in Frage, z.B. *T. erecta.* Viele Hobbygärtner kultivieren Tagetes auch jährlich reihenweise zwischen dem Gemüse und beugen somit einer Ausbreitung der Nematoden vor.

Neben Tagetes hat auch die Ringelblume (*Calendula officinalis* L.) eine gewisse Wirkung gegen Nematoden. Für einzelne Nematodenarten gibt es auch noch weitere Feindpflanzen, z.B. Kamille (gegen Kartoffelälchen), Sonnenhut und Zichorien. Auch Porree gilt als Gesundungsfrucht auf nematodenverseuchten Böden; außerdem soll er eine günstige Wirkung als Vor- oder Nachfrucht bei Kohlhernie besitzen.

Die Fruchtfolgeplanung

Frühjahrs-, Sommer- und Herbstanbau

Die Vorplanung für den Fruchtwechsel im Garten erfordert etwas Zeit und sollte am besten bereits im Winter vor Beginn der Anbausaison stattfinden. Zunächst einmal muß die Kulturfolge, d.h. die Aufeinanderfolge der Gemüsearten innerhalb eines Jahres auf den einzelnen Beeten, festgelegt werden. Je nach Jahreszeit und Dauer der Kultur sprechen wir von Vor-, Haupt- und Nachkulturen. Schnellwachsende Arten mit geringem Platzbedarf wie Radieschen, Spinat, Schnittsalate oder Kresse können oftmals auch als Zwischenkulturen Platz finden; sie brauchen daher nicht immer gesondert eingeplant zu werden. Eine sich überschneidende Kulturfolge liegt vor, wenn beispielsweise zwischen halbfertigem Salat Möhren gesät werden. Die Fortsetzung dieser Entwicklung ist die Mischkultur.

Bei entsprechender Planung sind zwei bis drei Ernten pro Jahr von einem Beet möglich. Dies setzt allerdings einen zeitigen Kulturbeginn im Frühjahr mit Einsatz von Schlitz- bzw. Lochfolie oder einem Spezialvlies voraus, ebenso bei einigen Kulturen die Verwendung von Jungpflanzen zur Verkürzung der Standzeit auf dem Beet und natürlich richtige Sortenwahl sowie eine optimale Kulturführung (Düngung, Bewässerung). Eine genaue Vorplanung bringt

Die Vorplanung für den Fruchtwechsel im Garten ist eine wichtige Winterarbeit. Als Hilfe für die Erstellung eines solchen Planes sollten wir das ganze Jahr über Notizen über Saat-, Pflanz- und Erntetermine, Sorten und Bedarf an den einzelnen Gemüsearten anfertigen.

auch den Vorteil mit sich, daß wir Urlaubszeiten besser berücksichtigen können, denn die Haupternte sollte möglichst nicht in die Zeit unserer Abwesenheit fallen. Die Ernte der Frühgemüsearten kann ohne weiteres vor dem Sommerurlaub abgeschlossen sein. Der Boden darf anschließend aber keinesfalls brach liegenbleiben und ungeschützt Sonne und Regen ausgesetzt sein. Statt dessen empfiehlt sich die Aussaat einer schnellwachsenden Gründüngungsart (siehe Kapitel »Gründüngung innerhalb der Fruchtfolge«) oder das Abdecken des Bodens mit einer Schicht aus Mulchmaterial.

Als Hilfe bei der Anfertigung des Planes dienen uns Notizen, die wir das ganze Jahr über anfertigen sollten: über Saat-, Pflanz- und Erntetermine, Sorten, Düngung, Schädlinge und Krankheiten, und ob wir von den verschiedenen Gemüsearten zuviel oder zuwenig geerntet haben. Der Bedarf an den einzelnen Gemüsearten ist natürlich individuell sehr unterschiedlich. Gerade hier muß jeder seine Erfahrungen aus dem Vorjahr nutzen und die Gemüse entsprechend ihrer Beliebtheit mehr oder weniger stark berücksichtigen. Allgemeinverbindliche Kulturfolgepläne lassen sich daher kaum erstellen. Den Anregungen (siehe S. 24 f.) liegen die wesentlichen Kriterien zur Fruchtwechselgestaltung zugrunde. Zugleich enthält die Planung mit insgesamt 26 Beispielen weitgehend die gesamte Palette der Gemüsearten einschließlich Kartoffeln und Erdbeeren, wobei häufig verwendete Gemüse wie Salate, Porree oder Möhren stärker einbezogen wurden.

Kulturfolgen für Frühbeete, Folien- und Kleingewächshäuser

Im geschützten Anbau besteht natürlich noch eher als im Freien die Möglichkeit, pro Saison drei Kulturen nacheinander anzubauen. Als Vor- und Nachkultur werden in diesem Fall Gemüsearten mit kurzer Kulturdauer, im Herbst aber auch Überwinterungskulturen wie Feldsalat, Spinat oder Winterpostelein (Winterportulak, Kubaspinat) gewählt.

Beispiele für Kulturfolgen

Bsp.-Nr.	Jan.	Febr.	März	April	Mai	Juni	Juli	Aug.	Sept.	Okt.	Nov.	Dez.
1	Winterspinat				Blumenkohl/ Brokkoli				Winterpostelein			
2	Knoblauch (Überwinterung)						Rettich					
3	Mangold (Überwinterung)				Kopfkohl (Weißkohl, Rotkohl, Wirsing)							
4	Feldsalat (Überwinterung)				Rote Bete							
5	Rosenkohl (Überw.)			Pastinake								
6	Winterpostelein (Überw.)				Gurke							
7	Winterporree				Radies			Kopf-, Eis- und Pflücksalate				
8			Möhren (F)*			Rosenkohl						
9			Kopf- u. Pflücksalate (F)*		Zucchini							
10			Kohlrabi (F)*			Tomaten						
11			Blumenkohl/Brokkoli (F)*					Spinat				
12			Kopfkohl (F)*				Knollenfenchel					
13			Rettich (F)*			Porree						

* (F) = Flachabdeckung mit Schlitz- oder Lochfolie bzw. Vlies

Beispiele für Kulturfolgen

Bsp.-Nr.	Jan.	Febr.	März	April	Mai	Juni	Juli	Aug.	Sept.	Okt.	Nov.	Dez.
14			Frühkartoffeln				Buschbohnen					
15			Erbsen					Chinakohl				
16			Spinat			Knollensellerie						
17			Radies(F)*		Möhren				Feldsalat			
18			Steckzwiebeln					Erdbeeren (Dauerkultur)				
19				Porree (F)*			Endivie, Zuckerhut, Radicchio					
20				Kopf-, Eis- u. Pflücksalate		Möhren						
21				Romanasalat		Grünkohl						
22				Radies		Chicorée						
23				Kopf-, Eis- u. Pflücksalate			Blumenkohl/Brokkoli					
24					Kopf-, Eis- u. Pflücksalate		Kohlrabi					
25					Buschbohnen				Wintersteckzwiebeln			
26					Zuckermais				Radies			

* (F) = Flachabdeckung mit Schlitz- oder Lochfolie bzw. Vlies

Fruchtfolgeplanung

Für das Folien- und Kleingewächshaus kommen als Hauptkulturen im Sommer nur wärmeliebende Gemüsearten in Frage. Die beliebteste Hauptkultur ist ohne Zweifel die Tomate; daneben kommen sämtliche weitere Fruchtgemüsearten wie Paprika, Aubergine, Gurken, Zucchini und andere Kürbisse, Melonen sowie Bohnen in Betracht. Aber auch exotischere Arten können wir hier anbauen wie beispielsweise die Andenbeere (Kapstachelbeere, Blasenkirsche, Inkapflaume), die als Nachtschattengewächs mit Tomate und Paprika verwandt ist und mirabellengroße, gelbe Früchte in einer lampionartigen Umhüllung liefert. Ebenso eignet sich die Gemüseart Okra – in den Mittelmeerländern beliebt, bei uns wenig bekannt – für den Sommeranbau im Gewächshaus.

Links: Belegung eines Folienhauses im Frühjahr
Rechts: Belegung desselben Folienhauses im Sommer und Herbst

Für den frühen Anbau mit Pflanzung Mitte März und Ernte Mitte bis Ende Juni kommen auch Lauch und Suppensellerie (Ernte mit kleinen Knollen und Laub) in Betracht. Voraussetzung hierfür ist allerdings der Zukauf von Jungpflanzen schoßfester Sorten beim Gärtner; daher wird die Frühkultur dieser beiden Gemüsearten nicht immer praktikabel sein.

Beispiele für mehrjährige Fruchtfolgen

Einen Kulturfolgeplan für das kommende Anbaujahr zu erstellen, ist mit etwas Übung nicht allzu schwierig.
Wesentlich komplizierter ist die Ausarbeitung eines mehrjährigen Fruchtfolgeplanes, der einerseits alle Kriterien zur richtigen Fruchtfolgegestaltung, andererseits aber auch den individuellen Bedarf bei den einzelnen Gemüsearten berücksichtigt. Vor allem bei kleinen und entsprechend intensiver genutzten Gar-

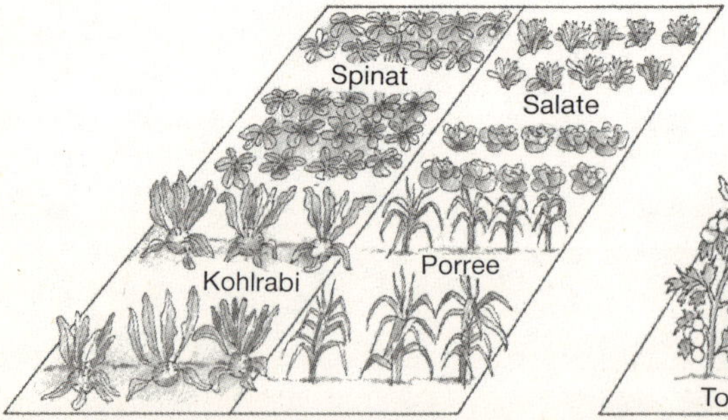

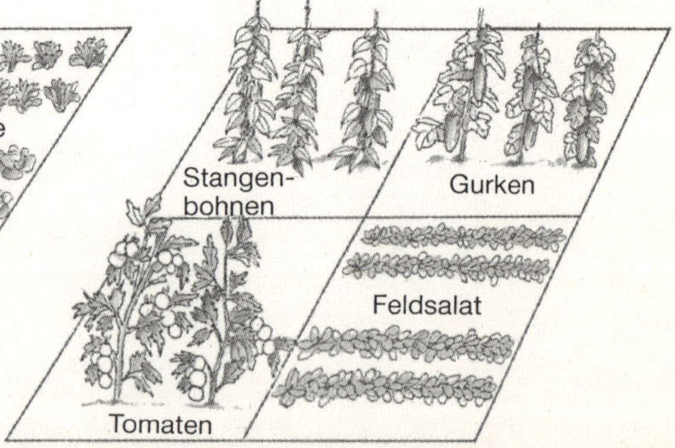

Vorschläge für Kulturfolgen im Frühbeet, Folien- und Kleingewächshaus

Jan.	Febr.	März	April	Mai	Juni	Juli	Aug.	Sept.	Okt.	Nov.	Dez.
		Radies				Tomaten					
			Kopf- und Pflücksalate			Gurken, Kürbisse, Melonen			Radies		
			Rettich			Paprika, Auberginen				Winterpostelein	
			Kohlrabi			Stangenbohnen				Feldsalat	
				Porree				Buschbohnen			
				Sellerie					Spinat		
	Feldsalat					Andenbeere					
				Eissalat						Wintersteckzwiebeln	
						Buschbohnen			Kohlrabi		

tenflächen ist es problematisch, die gleiche oder verwandte Gemüseart frühestens nach vier Jahren wieder auf dasselbe Beet zu bringen, während bei großflächigen Gärten eher die Möglichkeit besteht, zur Auflockerung der Fruchtfolge einmal nur eine Kultur pro Jahr anzubauen oder eine Gründüngung einzuschieben. Voraussetzung für eine erfolgversprechende mehrjährige Fruchtfolgeplanung ist das Einbeziehen einer breiten Palette von Gemüsearten. Bei ei-

nem einseitigen Anbau, der vorwiegend die verschiedenen Kohl- und Salatarten umfaßt, wird dies nicht gelingen; wir müssen uns auch mit dem Anbau einiger Raritäten vertraut machen.

Die Mühe der Fruchtfolgegestaltung lohnt aber unbedingt, denn wir erhalten nicht nur mehr Abwechslung auf dem Speiseplan, sondern auch gesündere Pflanzen mit weniger Krankheits- und Schädlingsbefall.

Beim Erstellen eines mehrjährigen Fruchtfolgeplanes gehen Sie am besten folgendermaßen vor: Zunächst werden vier verschiedene Fruchtfolgen über einen Zeitraum von jeweils vier Jahren geplant, die nach Möglichkeit alle erwünschten Gemüsearten umfassen sollten. Jede dieser vier Fruchtfolgen lassen wir nun im Laufe der folgenden vier Jahre von Beet zu Beet rotieren; d.h., Fruchtfolge A steht im 1. Jahr auf Beet 1, im 2. Jahr auf Beet 2 usw. Im 5. Jahr ist der Kreislauf beendet, und dieselben Kulturen kommen jetzt wieder auf Beet 1 zu stehen. Auf diese Weise

Anbau-Daten

Beisp.-Nr.	Vorkultur	Anbauzeitraum	Haupt- oder Nachkultur	Anbauzeitraum
1	Radieschen	M III – A V (F)*	Tomaten + Paprika	M V – E IX
2	Kopfsalat	M III – M V (F)*	Knollensellerie	E V – E X
3	–	–	Herbstporree	M V – E X
4	Stangenbohnen	M V – E VIII	Winterpostelein	M IX – E XII
5	Kartoffeln	M III – M VII	Buschbohnen	M VII – E X
6	Rettich	M III – M V (F)*	Winterporree	A VI – E XI
7	Möhren	M III – E VII (F)*	Feldsalat	A VIII – E X
8	Zuckermais	M V – M VIII	Spinat	M VIII – M XI
9	Spinat	M III – E V	Möhren	A VI – E X
10	Eissalat	M III – E V (F)*	Gurken + Zucchini	E V – M IX
11	Kohlrabi	M III – E V (F)*	Neuseeländer Spinat	E V – E X
12	–	–	Schwarzwurzeln	A IV – M XI
13	Steckzwiebeln	M III – M VII	Mangold	E VII – V/VI Folgejahr
14	Mangold	Vorjahr – V/VI	Endivien/Radicchio/Zuckerhut	E VII – E X
15	Erbsen	M III – E VI	Knollenfenchel	M VII – M X
16	–	–	Herbstkohlarten	V/VI – IX/X

M III-AV = Mitte März bis Anfang Mai
*(F) = Flachabdeckung mit Schlitz- oder Lochfolie bzw. Vlies

können wir mit vier verschiedenen, jeweils vierjährigen Fruchtfolgen jährlich 16 Gartenbeete belegen und zugleich ca. 25 bis 30 Gemüsearten anbauen.
Für die in den nachfolgenden Tabellen als Beispiele gewählten 16 Kulturfolgen mit Vorkultur, Hauptkultur oder Nachkultur der einzelnen Jahre können als Planungshilfe die Termine von Seite 28 (Tabelle) angenommen werden.

Jahr	Beet 1	Beet 2	Beet 3	Beet 4
1	Radieschen Tomaten + Paprika	Stangenbohnen Winterpostelein	Herbstporree	Kopfsalat Sellerie
2	Kopfsalat Sellerie	Radieschen Tomaten + Paprika	Stangenbohnen Winterpostelein	Herbstporree
3	Herbstporree	Kopfsalat Sellerie	Radieschen Tomaten + Paprika	Stangenbohnen Winterpostelein
4	Stangenbohnen Winterpostelein	Herbstporree	Kopfsalat Sellerie	Radieschen Tomaten + Paprika

Jahr	Beet 5	Beet 6	Beet 7	Beet 8
1	Kartoffeln Buschbohnen	Zuckermais Spinat	Möhren Feldsalat	Rettich Winterporree
2	Rettich Winterporree	Kartoffeln Buschbohnen	Zuckermais Spinat	Möhren Feldsalat
3	Möhren Feldsalat	Rettich Winterporree	Kartoffeln Buschbohnen	Zuckermais Spinat
4	Zuckermais Spinat	Möhren Feldsalat	Rettich Winterporree	Kartoffeln Buschbohnen

Fruchtfolgeplanung

Jahr	Beet 9	Beet 10	Beet 11	Beet 12
1	Spinat Möhren	Schwarzwurzeln	Kohlrabi Neuseeländer Spinat	Eissalat Gurken + Zucchini
2	Eissalat Gurken + Zucchini	Spinat Möhren	Schwarzwurzeln	Kohlrabi Neuseeländer Spinat
3	Kohlrabi Neuseeländer Spinat	Eissalat Gurken + Zucchini	Spinat Möhren	Schwarzwurzeln
4	Schwarzwurzeln	Kohlrabi Neuseeländer Spinat	Eissalat Gurken + Zucchini	Spinat Möhren

Jahr	Beet 13	Beet 14	Beet 15	Beet 16
1	Steckzwiebeln Mangold (Überwinterung)	Herbstkohlarten	Erbsen Knollenfenchel	Mangold Endivien/Radicchio/Zuckerhut
2	Mangold Endivien/Radicchio/Zuckerhut	Steckzwiebeln Mangold	Herbstkohlarten	Erbsen Knollenfenchel
3	Erbsen Knollenfenchel	Mangold Endivien/Radicchio/Zuckerhut	Steckzwiebeln Mangold	Herbstkohlarten
4	Herbstkohlarten	Erbsen Knollenfenchel	Mangold Endivien/Radicchio/Zuckerhut	Steckzwiebeln Mangold

Auch im Folien- und Kleingewächshaus sollte mit mehrjährigen Fruchtfolgen gearbeitet werden. Analog zum Anbau im Freien kann das Rotationsverfahren eingesetzt werden, wobei hier die Zusammenstellung einer einzigen vierjährigen Fruchtfolge genügt. Das Folien- bzw. Gewächshaus wird in vier Beete oder Quartiere aufgeteilt, auf denen jeweils zusammengehörige Gemüsearten

Vierjährige Fruchtfolge im Folien- oder Kleingewächshaus

Jahr	Beet 1	Beet 2	Beet 3	Beet 4
1	Kohlrabi/Rettich/ Radieschen Tomate/Paprika/ Aubergine/ Andenbeere	Salate Gurken/ Kürbisse/ Melonen	Spinat Busch- und Stangenbohnen	Porree Feldsalat und Winterpostelein
2	Porree Feldsalat und Winterpostelein	Kohlrabi/Rettich/ Radieschen Tomate/Paprika/ Aubergine/ Andenbeere	Salate Gurken/ Kürbisse/ Melonen	Spinat Busch- und Stangenbohnen
3	Spinat Busch- und Stangenbohnen	Porree Feldsalat und Winterpostelein	Kohlrabi/Rettich/ Radieschen Tomate/Paprika/ Aubergine/ Andenbeere	Salate Gurken/ Kürbisse/ Melonen
4	Salate Gurken/ Kürbisse/ Melonen	Spinat Busch- und Stangenbohnen	Porree Feldsalat und Winterpostelein	Kohlrabi/Rettich/ Radieschen Tomate/Paprika/ Aubergine/ Andenbeere

gemeinsam untergebracht werden. Auf Beet 1 stehen beispielsweise als Vorkulturen die Kreuzblütler Kohlrabi, Rettich und Radieschen, als Hauptkultur alle für unseren Haushalt benötigten Nachtschattengewächse wie Tomaten, Paprika, Auberginen und die Andenbeere. Inwieweit wir alle Kulturen unterbringen können, hängt natürlich von der Größe des Gewächshauses ab.
Die Anbauzeiträume für die folgenden Beispiele können der Tabelle im Kapitel »Kulturfolgen für Frühbeete, Folien- und Kleingewächshäuser« (siehe Seite 27) entnommen werden.

Gründüngung innerhalb der Fruchtfolge

Unter Gründüngung verstehen wir den Anbau bestimmter Pflanzen zur Bodenbegrünung, die nicht geerntet, sondern nach einiger Zeit wieder in den Boden

eingearbeitet werden. Diese Maßnahme dient einer Auflockerung der Fruchtfolge, der Steigerung der Bodenfruchtbarkeit sowie dem Schutz des Bodens vor den Witterungseinflüssen. Die eingearbeitete Grünmasse wird von den Bodenlebewesen zersetzt, die in organischer Form vorliegenden Pflanzennährstoffe werden mineralisiert und damit für die nachfolgend angebauten Pflanzen wieder verwertbar.

Welche Möglichkeiten gibt es nun, eine Gründüngung innerhalb der Fruchtfolge einzuplanen? Grundsätzlich bietet sie sich immer dann an, wenn ein Beet zeitweise brachliegt wie in den folgenden Fällen:

- im zeitigen Frühjahr, wenn das Beet erst ab Mitte Mai (nach den »Eisheiligen«) mit einer wärmebedürftigen Kultur belegt werden soll,
- als »Lückenbüßer« in Anbaupausen, die manchmal zwischen Vor-, Haupt- und Nachkulturen entstehen,
- als Überwinterungskultur auf leichteren Gartenböden.

Ein wesentlicher Vorzug der Wintergründüngung, die etwa von September bis April den Boden bedeckt, liegt im Festhalten der Nährstoffe durch die Pflanzenwurzeln. Die Gründüngungspflanzen verhindern somit während der niederschlagsreichen Wintermonate Sickerverluste in tiefergelegene Bodenschichten, wo die Nährstoffe im Frühjahr von den ersten Gemüsekulturen nicht mehr erreicht werden können. Auf schweren, lehmigen Gartenböden ist diese Maßnahme jedoch nicht zu empfehlen; hier sollten Sie beim herbstlichen Umgraben bzw. dem Lockern mit der Grabgabel bleiben, um eine Frostgare und entsprechend einen feinkrümeligen Boden im Frühjahr zu erhalten.

Abgesehen von Aussaat und Einarbeitung in den Boden, bereitet die Gründüngung kaum Pflegearbeit. Zur Saatgutkeimung und in Trockenperioden wirken sich Wassergaben vorteilhaft aus. Als wesentlicher Punkt ist die richtige Einbringungstechnik am Ende der Kultur zu beachten:

- Arten wie Raps, Gelbsenf, Ölrettich und Phacelia, die 50–80 cm hoch werden, sollten abgemäht (Rasenmäher, Sense) und kompostiert werden.
- Bei geringeren Mengen an Grünmasse (niedrigerwachsende Arten oder kürzere Standzeiten) wird der Boden im Wurzelbereich etwa 5–10 cm tief abgeschält und zerkleinert; dies erreichen Sie am besten durch ganz flaches Umgraben. Auch der Einsatz einer Pendelhacke ist möglich, aber anstrengender. Die zerkleinerte Grünmasse soll nun etwa eine bis zwei Wochen anwelken und erst anschließend in den Boden eingearbeitet werden. Hierdurch vermeiden Sie einen unerwünschten Fäulnisprozeß der Pflanzen in tieferen Bodenschichten.
- Nur bei niedrigen Beständen mit wenig Grünmasse kann die Einarbeitung unmittelbar erfolgen.
- Im Spätherbst läßt man die nicht frostharten Gründüngungsarten abfrieren und arbeitet die Reste im zeitigen Frühjahr ein, um eine vorzeitige Mineralisierung und Auswaschung der Nährstoffe zu verhindern.

Gründüngung

> Im Anschluß an eine Gründüngung sollte in der Fruchtfolge unbedingt Pflanzgemüse eingeplant werden, weil der Boden jetzt sehr locker aufgebaut ist; Saatgemüse benötigt dagegen einen gut abgesetzten Boden.

Die Wahl der Gründüngungsart hängt von verschiedenen Faktoren ab, vor allem von der Stellung innerhalb der Fruchtfolge. Viele Gründüngungspflanzen gehören denselben botanischen Familien wie verschiedene Gemüsearten an und eignen sich daher weniger gut zur Auflockerung der Fruchtfolge. Dies gilt vor allem für die Kreuzblütler **Gelbsenf**, **Raps** und **Ölrettich**, die mit allen Kohlarten, Rettich und Radieschen verwandt sind (Kohlhernie-Gefahr!). Die große Gruppe der Leguminosen umfaßt u. a. die **Ackerbohne**, **Platterbse**, die verschiedenen **Kleearten**, **Lupinen**, **Sommer- und Winterwicke**, **Luzerne** und **Seradella**. All diese Pflanzen dürfen nicht in zu enger Fruchtfolge mit Busch- und Stangenbohnen oder Erbsen stehen. Weniger Probleme bereiten **Winterroggen** und das **Welsche Weidelgras**, die als Gräser nur mit dem Zuckermais eine Verwandtschaft aufweisen, oder das Knöterichgewächs **Buchweizen** (kein Fruchtwechsel mit Rhabarber und Sauerampfer) für Sommer-Zwischensaaten. **Sonnenblumen** kommen als Überträger der Sclerotinia-Fäule kaum für den Gemüsegarten in Frage, da sie nicht im Wechsel mit Salaten angebaut werden dürfen. **Spinat** kann als preiswerte und schnellwachsende Gründüngung zum Einsatz kommen, wobei u. a. die schleimstoff- und saponinhaltigen Wurzeln für den Boden wertvoll sind. Nachteilig für die Fruchtfolgeplanung wirkt sich allerdings die Verwandtschaft zu Roter Bete und Mangold aus.

Als ideale Gründüngungspflanze vom zeitigen Frühjahr bis zum Herbst kann **Phacelia** empfohlen werden, ein Wasserblattgewächs, das mit keiner anderen Gartenpflanze verwandt ist. Phacelia, auch »rainfarnblättriges Büschelschön«, sieht mit ihren zartgefiederten Blättern und blauvioletten Blüten außerdem dekorativ aus und stellt eine ausgezeichnete Bienenweide dar. Den etwas höheren Saatgutpreis sollten Sie hierfür in Kauf nehmen!

Eine besondere Bedeutung kommt den Leguminosen als Gründüngungspflanzen zu. Die Schmetterlingsblütler gehen eine Lebensgemeinschaft (= Symbiose) mit luftstickstoffbindenden Knöllchenbakterien (*Rhizobium leguminosarum*) ein. Diese Bakterien dringen in das Wurzelgewebe ein, leben dort zunächst als Parasiten und lösen kleine, knöllchenartige Wucherungen an den Pflanzenwurzeln aus. Nach anfänglicher Schwächung bezieht die Wirtspflanze von den Bakterien Stickstoffverbindungen als Nahrung. Wenn die Wurzeln von Erbsen, Bohnen und Gründüngungspflanzen aus der Familie der Leguminosen im Boden zurückbleiben und verrotten, können beachtliche Stickstoffmengen für die nachfolgende Kultur frei werden. Daher sind Leguminosen als Gründüngungspflanzen vor allem für Gärten zu

Fruchtfolgeplanung

Kulturdaten für Gründüngungspflanzen

Pflanzenarten	Aussaattermine	Saatgutbedarf (g/m²)	Saattiefe (cm)	Winterhärte
Kreuzblütler				
Ölrettich	15.3.– 5. 9.	2 – 3	0 – 3	nein
Gelbsenf	15.3.–15. 9.	2 – 3	0 – 3	nein
Sommerraps	15.3.– 5. 9.	1,5	0 – 2	nein
Winterraps	1.7.– 1.10.	1,5	0 – 2	ja
Leguminosen				
Futtererbse	1.3.–25. 8.	20	2 – 6	nein
Ackerbohne	25.2.–20. 7.	20	2 – 8	nein
Sommerwicke	1.4.– 1. 8.	15	2 – 6	nein
Winterwicke	15.7.– 1.10.	20	1 – 5	ja
Alexandrinerklee	1.4.–15. 8.	3 – 5	1 – 3	nein
Persischer Klee	1.4.–15. 8.	5	1 – 2	nein
Inkarnatklee	1.4.– 5. 9.	3 – 5	1 – 2	gering
Weißklee	1.3.– 1.10.	1 – 3	0 – 1	ja
Lupinen	1.4.– 1. 8.	20	2 – 6	nein
Gräser				
Roggen	1.3.–15.10.	18	3 – 6	ja
Einjähriges Weidelgras	15.3.– 5. 9.	4	0 – 1	nein
Welsches Weidelgras	1.3.– 1.10.	4	0 – 1	ja
Sonstige Pflanzen				
Phacelia	15.4.– 1. 9.	1,5 – 3	0,5 – 2	nein
Buchweizen	1.4.–15. 8.	6 – 8	1 – 3	nein
Sonnenblume	15.4.–20. 8.	4	2 – 4	nein
Gemenge				
Landsberger Gemenge	1.4.–15. 9.	8 – 10	2 – 4	ja

Seite 35:
Oben: Erdbeeren vertragen sich mit allen Zwiebelgewächsen gut, so auch mit dem noch wenig bekannten Knoblauch-Schnittlauch.

Unten: Zur Kombination von Salbei und Tagetes liegen noch wenig Erfahrungen vor. Vielleicht gelingt es durch die Abwehrwirkung des Salbeis, die Tagetes schneckenfrei zu halten!

empfehlen, in denen vorwiegend Kompost, jedoch keine mineralischen Stickstoffdünger verwendet werden.
Außer der Verwandtschaft zu unseren Kulturpflanzen spielen bei der Auswahl der Gründüngungspflanzen auch der Saattermin und die vorgesehene Dauer der Begrünung eine Rolle. Steht nur eine kurze Zeitspanne zur Verfügung, sollten keine Arten mit langsamem Anfangswachstum (z.B. die meisten Leguminosen) verwendet werden. Für Kurzkulturen eignen sich besonders alle Kreuzblütler, Phacelia, die Ackerbohne und Spinat.
Als Hilfe bei der Wahl der geeigneten Pflanzen dient die nachfolgende Tabelle »Kulturdaten der Gründüngungspflanzen«. Die Aussaattermine gelten für klimatisch günstige Gebiete; in rauhen Klimalagen ist die Zeitspanne entsprechend etwas kürzer.

Seite 36:
Foliengewächshäuser eignen sich für den Anbau wärmebedürftiger Mischkulturpartner wie Tomaten und Salatgurken. Tagetes dienen der Auflockerung, aber auch der Nematodenbekämpfung.

Seite 37:
Oben links: Kapuzinerkresse wirkt als Fangpflanze für Blattläuse.
Oben rechts: Kulturschutznetze anstelle von Spritzmitteln können im Mischkulturgarten viele Schadinsekten abwehren (siehe S. 71)
Unten links: Leguminosenwurzeln mit stickstoffhaltigen Knöllchen, verursacht durch Rhizobium-Bakterien.
Unten rechts: Tagetes wirken als Bodengesundungspflanzen bei nematodenverseuchten Böden.

Seite 38:
Oben: Zwei Chicoréesorten und Radicchio zwischen Erdbeerbeeten gelegen.
Unten: Blühender Dill neben Rotkraut. Dill wird wegen seiner Abwehrwirkung auf Blattläuse und den Kohlweißling als begleitendes Gewürzkraut zu Kohlarten empfohlen.

Fruchtwechsel bei Dauerkulturen

Ein Fruchtwechsel ist auch bei Dauerkulturen anzustreben, denn gerade hier spielt die Bodenmüdigkeit eine große Rolle. Sie entsteht dadurch, daß über Jahre oder gar Jahrzehnte hinweg immer die gleichen Bäume, Sträucher oder Stauden an demselben Standort stehen. Daher sollte dort, wo beispielsweise längere Zeit ein Apfelbaum stand, kein neues Kernobst (Apfel, Birne, Quitte) gepflanzt werden, sondern Stein- oder Beerenobst.
Bodenmüdigkeit ist auch bei Rosen und Spargel bekannt. Nach neuesten Erkenntnissen aus dem holländischen Spargelanbau reichen hier zehn Jahre Anbaupause nicht aus; anzustreben sind 25 Jahre! Ebenso gilt der Fruchtwechsel für Rhabarber und die mehrjährigen Gewürz-, Tee- und Arzneikräuter. Nach einigen Jahren sollten die Pflanzen im Herbst (September/Oktober) mit Wurzelballen aus der Erde genommen, geteilt und an anderer Stelle im Garten neu angepflanzt werden.

Grundsätze der Mischkultur

Verträgliche und unverträgliche Nachbarn

Für die Wechselwirkungen zwischen benachbarten Pflanzen kennen wir zwei Mechanismen:

- Gegenseitige Förderung oder Hemmung durch die Konkurrenz um die Wachstumsfaktoren. Gelungene Mischkulturen sind häufig auf eine bessere Ausnutzung der Nährstoffe und des Lichtes, auf eine Wirkung als Windschutz oder eine Stützfunktion zurückzuführen.
- Pflanzen können sich durch die Absonderung von Stoffwechselprodukten über Blatt oder Wurzel gegenseitig im Wachstum beeinflussen (Allelopathie).

Im Garten versucht man, Pflanzen miteinander zu kombinieren, bei denen die Konkurrenz zwischen den Partnern geringer ist als innerhalb jeder einzelnen Art. Voraussetzung hierfür ist, daß sich die Pflanzen sowohl ober- als auch unterirdisch ergänzen, im Nährstoffbedarf zusammenpassen und sich evtl. sogar gegenseitig vor Krankheits- oder Schädlingsbefall schützen. In vielen Fällen liegt aber keine gegenseitige, sondern nur eine einseitige Förderung oder Hemmung einer Pflanzenart durch die Nachbarkultur vor. Andere Mischkulturpartner verhalten sich wiederum neutral zueinander.

In der Literatur finden sich zuweilen voneinander abweichende Empfehlungen für Mischkulturkombinationen. Die Ursache liegt sicher darin, daß ihnen jeweils verschiedene Saat- und Pflanzabstände sowie -termine, Sorten, Standort- und Witterungsbedingungen zugrunde liegen. Die Wechselwirkungen zwischen den Partnern können sich so mehr oder weniger stark entfalten.
Die empfohlenen Pflanzenkombinationen beruhen bisher meistens auf langjährigen Beobachtungen und Erfahrungswerten. Erst allmählich bringen wissenschaftliche Untersuchungen neue Erkenntnisse über die Gesetzmäßigkeiten der Mischkulturen zutage. Soweit diese jedoch noch Lücken aufweisen, sollten wir die bisherigen Empfehlungen befolgen und am jeweiligen Standort im eigenen Garten mit unseren bewährten Sorten überprüfen.

Konkurrenzverhalten zwischen den Mischkulturpartnern

Bei der Verträglichkeit der Mischkulturpartner untereinander spielen morphologische Gesichtspunkte (Standraumbedarf, Bewurzelungstiefe) und die Konkurrenz um die Wachstumsfaktoren eine wesentliche Rolle. Benachbarte Pflanzen sollten ähnliche Ansprüche hinsichtlich Nährstoffbedarf, Wärme- und Wasserhaushalt besitzen.

❀ *Nährstoffbedarf*

Stark- und Schwachzehrer gehören nicht auf das gleiche Beet, weil dem Schwachzehrer dadurch mit Sicherheit zu viel Dünger zugeführt wird. Stark- und Mittelzehrer sowie Mittel- und Schwachzehrer können aber miteinander kombiniert werden, da es auch auf andere Kriterien ankommt, wie beispielsweise die Bewurzelungstiefe. Besonders erfolgreich ist oft der Mischkulturanbau zwischen Leguminosen und Nichtleguminosen. Nach vielen Untersuchungen profitieren hier meist beide Partner deutlich von der Mischkultur (z.B. Buschbohne und Kohlrabi). Die Erklärung liegt möglicherweise darin, daß durch die eigene Stickstoffversorgung der Leguminosen der Bodenvorrat an Stickstoff zugunsten des Partners geschont wird.

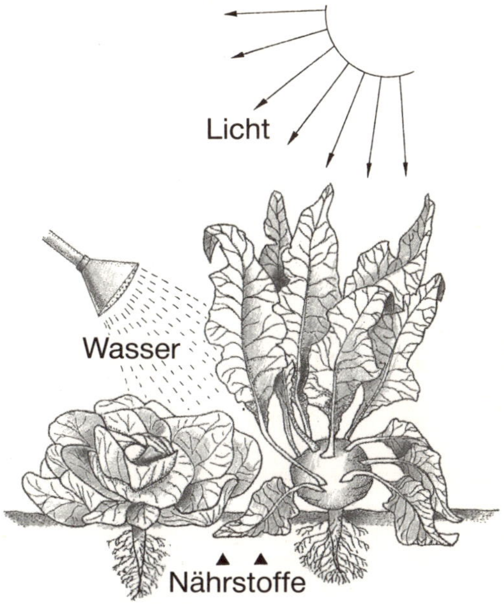

Konkurrenz um die Wachstumsfaktoren Wasser, Licht und Nährstoffe

❀ *Wärmebedürfnis*

Zu den wärmebedürftigen Kulturen zählen die Kürbisgewächse, Bohnen, Fruchtgemüsearten, Kartoffel, Zukkermais, Erdbeere sowie alle Samenträger und viele Gewürzkräuter. Diese können beispielsweise gemeinsam auf Mulchfolie angepflanzt werden, da sie sich in ihrem Bedürfnis nach einem »warmen Fuß« ergänzen. Auch für die Sommernutzung von Folien- oder Kleingewächshäusern kommen vor allem diese wärmebedürftigen Arten in Frage.

❀ *Wasserbedarf*

Problematisch ist der Mischkulturanbau von Pflanzen mit sehr unterschiedlichem Wasserbedarf. Beispielsweise passen Möhre und Zwiebel, wegen der gegenseitigen Abwehr der Zwiebel- und Möhrenfliege oft als ideale Mischkulturpartner angepriesen, in dieser Hinsicht nicht zusammen, denn die Möhre benötigt sehr viel Wasser, die Zwiebel aber braucht zur Ausreife trockene Bedingungen. Auch der Zeitpunkt des jeweiligen Wasserbedarfes spielt dabei eine

Rolle. Weniger empfehlenswert sind Kombinationen aus den verschiedenen Salatarten, Spinat oder Rettich (extrem niedriger Wasserbedarf) mit Möhren, Rotkohl oder Rosenkohl (extrem hoher Verbrauch).

❀ *Standraumbedarf*
Als Hauptkulturen sollten Arten mit relativ großem Bedarf an Licht und Raum sowie langer Vegetationszeit in die Beetmitte gesetzt werden. Da sie am Anfang noch wenig Platz benötigen, kann der Raum daneben mit kleinwüchsigen und kurzlebigen Kulturen, z.B. Kresse, Radieschen, Rettich, Kopf- und Schnittsalaten oder Kohlrabi, ausgenutzt werden. Arbeitsintensive Kulturen wie Buschbohnen gehören in die Außenzeilen der Beete, um den Boden bei Erntearbeiten nicht unnötig zu verdichten. Die Pflanzenabstände sollten so bemessen werden, daß sich die Blätter der ausgewachsenen Pflanzen berühren oder etwas überschneiden.

❀ *Bewurzelungstiefe*
Durch Kombination von Flach- und Tiefwurzlern wird eine stärkere Konkurrenz zwischen den Mischkulturpartnern vermieden, da hierdurch Wasser- und Nährstoffvorrat im Boden in unterschiedlichen Tiefen genutzt werden können.

Gegenseitige Beeinflussung durch pflanzliche Ausscheidungen (Allelopathie)

Benachbarte Pflanzen beeinflussen sich gegenseitig durch Stoffwechselprodukte, die aus lebenden und abgestorbenen Pflanzenteilen frei werden. Diese Substanzen, mit Trivialnamen oft als »Phytonzide« bezeichnet, gelangen über gasförmige Ausscheidungen der Blätter in die umgebende Luft. Mit dem Regenwasser, durch Laubfall und Wurzelausscheidungen reichern sie sich aber auch im Boden an, bis sie eine für benachbarte Pflanzen fördernde oder hemmende Konzentration erreicht haben. Bekannt ist beispielsweise die Hemmwirkung der Walnuß, in deren Wurzelbereich andere Pflanzen verkümmern. Auch bei Gemüse und Kräutern kennen wir allelopathische Wirkungen: Zwiebeln hemmen durch ihre Wurzelausscheidungen Stangenbohnen im Wachstum, Wermut durch Blatt- und Wurzelausscheidungen Fenchel. Die Möhre dagegen fördert durch gasförmige Ausscheidungen das Wachstum von Porree.
Bei den Phytonziden handelt es sich nicht um eine einheitliche Stoffgruppe, sondern um Verbindungen verschiedenster Art. Die gasförmigen Blattausscheidungen bestehen u.a. aus Ethylen, Senfölglykosiden (Kreuzblütler) und ätherischen Ölen, die für den charakteristischen Duft der meisten unserer Gewürzkräuter verantwortlich sind. Über die Wurzeln werden organische Verbindungen, wie beispielsweise Aminosäuren, Zucker und Alkaloide, abgesondert.

Gegenseitige Beeinflussung benachbarter Pflanzen durch gasförmige Blattausscheidungen und durch Stoffwechselprodukte der Wurzeln

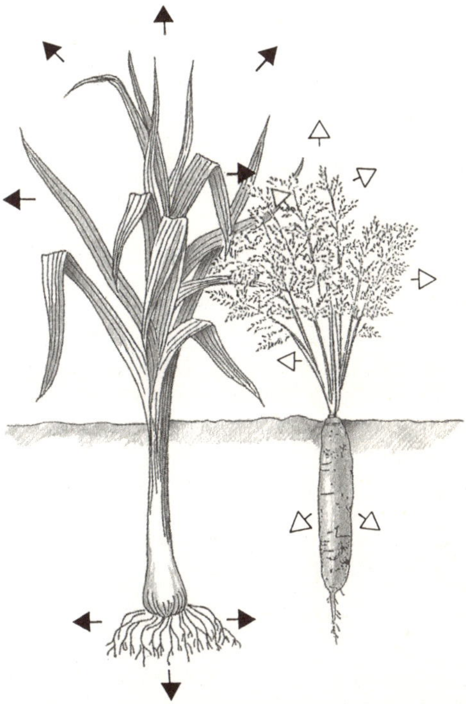

Blätter und Wurzeln der Pflanze sind in der Lage, zahlreiche dieser organischen Verbindungen aufzunehmen, so daß sich allelopathische Wirkungen entfalten können.

Vieles spielt sich im Wurzelraum der Pflanzen ab: Bei ungünstigen Nachbarschaften ziehen sich die Wurzeln des unterlegenen Partners zurück; der Wurzelraum ist verkleinert. Bei guter Verträglichkeit durchflechten sich dagegen die Wurzeln so stark, daß sie fast eine Einheit bilden.

In manchen Fällen dürfte auch eine indirekte Hemmung oder Förderung benachbarter Pflanzen vorliegen, indem durch die abgesonderten Stoffwechselprodukte das mikrobiologische Gleichgewicht im Boden verändert wird. Die Bodenlebewesen sind andererseits in der Lage, Wurzelausscheidungen abzubauen, ehe eine Beeinflussung benachbarter Pflanzen zustande kommt. Deshalb tritt der gewünschte Mischkultureffekt nicht immer ein.

Planung des Mischkulturgartens

Der Mischkulturgarten nach Gertrud Franck

Die Gutsfrau Gertrud Franck leitete den Garten der Saatzucht Oberlimpurg bei Schwäbisch Hall und experimentierte jahrzehntelang in ihrem großen Bauerngarten mit Mischkulturen. Die von ihr entwickelte Methode hat auch heute noch ihre Bedeutung (Entwicklung der Mischkulturmethode ab 1940).
Der Garten wird hierbei nicht wie üblich in Beete unterteilt. Statt dessen säen wir im zeitigen Frühjahr auf dem gesamten Gartenland in Reihenabständen von jeweils 50 cm Spinat aus, ohne Trittwege zu lassen. Diese Spinatreihen dienen nicht nur als Rastersystem einer übersichtlichen Einteilung, sondern auch als »Düngereihen«, da der Spinat später abgehackt wird und zur Flächenkompostierung an Ort und Stelle liegenbleibt. Zusätzlich wird hier mit Mulchmaterial und Kompost gearbeitet. In die Mitte zwischen die Spinatreihen säen und pflanzen wir die eigentlichen Kulturen, wobei der Spinat nun auch als »Trittweg« dient. Er eignet sich besonders gut für diesen Zweck, weil sein Saatgut preiswert ist, er früh im Jahr gesät werden kann, schnell keimt und wächst und für fast alle Gemüsearten eine gute Nachbarpflanze darstellt. Außerdem soll er die Nachbarreihen sicher vor einem Erdflohbefall schützen.
In der Mitte zwischen den Spinatreihen legen wir nun im Abstand von 2 m die sog. **a-Reihen** mit Hauptkulturen wie Tomaten, Paprika, Gurken, Stangenbohnen, Sellerie, spätem Kopfkohl und Kartoffeln an. Auch Langzeitkulturen wie Erdbeeren gehören in die a-Reihen. Falls erst nach den »Eisheiligen« gepflanzt wird, kann eine schnellwachsende Kultur wie Radieschen oder Gründüngung vorausgehen. Jeweils 1 m von den Hauptkulturen entfernt stehen in den **b-Reihen** Gemüsearten, die nur die halbe Vegetationsperiode beanspruchen, z.B. Porree, Zwiebeln, Möhren, Blumenkohl, früher Kopfkohl, Erbsen, Buschbohnen. Zwischen den a- und b-Reihen sind in doppelter Anzahl die **c-Reihen** mit den Kulturen für den größten Haushaltsbedarf angesiedelt, z.B. alle Salate, Radieschen, Rettich, Frühkarotten, Kohlrabi und einjährige Küchenkräuter. Die c-Reihen werden, je nachdem wieviel Platz die Hauptkultur in der a-Reihe daneben benötigt, ein- bis dreimal pro Jahr bestellt.
Die Spinatreihen und mit ihnen die a-, b- und c-Reihen verschieben sich nun jährlich um 25 cm, so daß auf diese Weise ein Fruchtwechsel vorgegeben ist (a- und b-Reihen fallen erst nach acht, c-Reihen nach vier Jahren wieder aufeinander) und alle Kulturen auf den Düngereihen des Vorjahres zu stehen kommen. Hierdurch wird der überwiegende

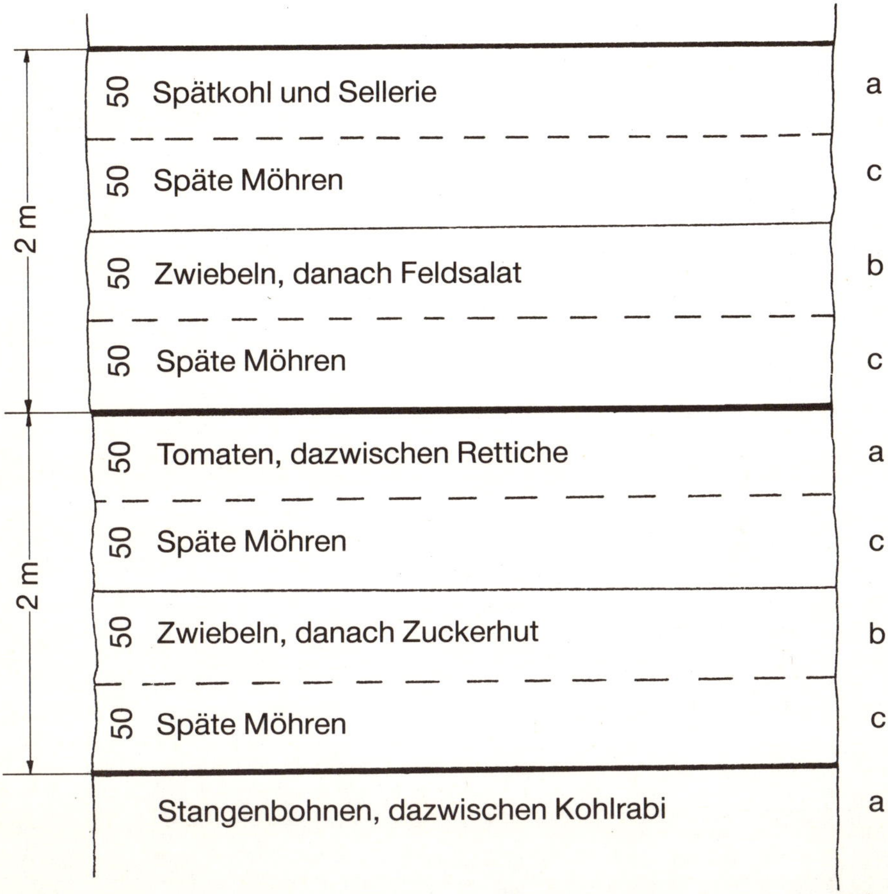

Gartenplan nach Gertrud Franck mit Einteilung nach a-, b- und c-Reihen. Die Spinatreihen liegen (nicht eingezeichnet) jeweils dazwischen.

Teil des Nährstoffbedarfs bereits gedeckt.

Natürlich kann ein Mischkulturgarten ebensogut in Beetkultur angelegt werden. Die Vorteile der Methode nach Gertrud Franck liegen darin, daß kaum Bodenverdichtungen durch Trittwege entstehen und sich alle Pflanzen gleichmäßig entwickeln können, weil es keine Randpflanzen mehr gibt. Ihre Methode soll auch nicht als starres System verstanden werden, sondern kann je

nach Boden- und Klimaverhältnissen abgewandelt und unterschiedlichen Bedingungen angepaßt werden (z.B. veränderte Reihenabstände). Kritisch anzumerken bleibt, daß sich in den Düngereihen durch den nur zweijährigen Fruchtwechsel des Spinats Fruchtfolgekrankheiten einstellen können. Dazu wird der Anbau der artverwandten Kulturen Rote Bete und Mangold durch die Spinatreihen problematisch.

Auswahl passender Mischkulturpartner im Gemüsegarten

Bei der Auswahl passender Mischkulturpartner im Gemüsegarten spielen verschiedene Gesichtspunkte eine Rolle, so beispielsweise die Verträglichkeit untereinander, eventuelle Pflanzenschutzeffekte und natürlich auch die praktische Durchführbarkeit. Als Hilfestellung dienen eine Übersicht, aus der sich zu allen wichtigen Gemüsearten günstige, ungünstige oder auch neutrale Kombinationen entnehmen lassen, sowie eine Tabelle über bekannte Pflanzenschutzwirkungen in Gemüse-Mischkulturen.

Beim Gebrauch der Übersicht werden Sie in einigen Fällen auf scheinbare Widersprüche stoßen: Beispielsweise wird die Kombination Möhre + Zwiebel empfohlen, von der Zusammenstellung Zwiebel + Möhre jedoch abgeraten! Die Ursache liegt darin, daß auch bei Pflanzen Zu- und Abneigungen nicht immer auf Gegenseitigkeit beruhen; oft findet eine einseitige Förderung oder Hemmung einer Gemüseart durch die Nachbarkultur statt. Abgesehen von einem gewissen Pflanzenschutzeffekt (gegenseitige Abwehr von Zwiebel- und Möhrenfliege) reagiert die Zwiebel in einer Mischkultur mit Möhren eher nachteilig, die Möhre jedoch neutral oder positiv. Die Zwiebel leidet auch unter der Nachbarschaft der Roten Bete, während für diese nur Vorteile entstehen. Rettich verträgt sich gut mit Kopfsalat, dieser aber kann durch die vom Rettich abgesonderten Senfölglykoside Schaden erleiden.

> Die Verträglichkeit innerhalb einer Mischkultur ist also nicht immer umkehrbar, denn manchmal profitiert der eine Partner auf Kosten des anderen!
>
> Beim Lesen der Übersicht (Seite 48) sollten Sie daher beachten, daß die Bewertung einer Kombination immer aus Sicht der Gemüseart in der linksseitigen Spalte gilt.

Ergänzend bleibt anzumerken, daß bei den Kohlarten zwei Ausnahmen bekannt sind: Rotkohl verträgt sich schlecht mit der Tomate und Weißkohl mit Roter Bete, während die anderen Kohlarten keine Nachteile zeigen.
Es wurde bereits darauf hingewiesen, daß der Erfolg des Mischkulturanbaues sehr stark von den Saat- und Pflanz-

terminen der jeweiligen Partner und den Abständen zwischen ihnen abhängt. Je nach Entwicklungsstadium der einzelnen Gemüsearten tritt ein unterschiedlich ausgeprägtes Konkurrenzverhalten auf. Hieraus resultieren vermutlich voneinander abweichende Empfehlungen in der Literatur über Mischkultur-Zusammenstellungen. Widersprüchliche Empfehlungen finden sich z.B. zur Kombination von Kohl und Porree, Spinat und Rettich, Gurke und Radieschen, Sellerie und Kopfsalat sowie Tomate und Gurke.
In den letzten Jahren war der Mischkulturanbau ein beliebtes Thema für wissenschaftliche Forschungsarbeiten, insbesondere von Studenten und Doktoranden, die die in der Literatur empfohlenen Kombinationen in Labor- und Feldversuchen überprüften. Nicht in allen Fällen stimmten ihre Ergebnisse mit den bisherigen Erfahrungswerten überein. Die Untersuchungen von K. Kemper, 1988, bestätigten beispielsweise nicht die Empfehlung von Gertrud Franck, die generell von einem Mischanbau zwischen Bohnen und Zwiebeln abrät. Die Mischkultur aus Buschbohnen und Zwiebeln brachte positive Resultate. Dagegen konnten bei der Kombination aus Kopfsalat mit Möhre oder Roter Bete keine Vorteile festgestellt werden. Rote Bete scheinen den Rostbefall bei Porree zu fördern. Neben Möhren entwickelte der Porree die dünnsten Schäfte. Andererseits ist diese Kombination zu empfehlen, weil Porree mit seinem feinen, dichten Wurzelwerk den durch die Möhren verdichteten Boden wieder auflockern kann. Hinzu kommt der von der Möhre ausgehende Schutz vor der

Der Zuckermais »trägt« Stangenbohnen; diese Kombination gelingt, wenn der Mais ca. vier Wochen Wachstumsvorsprung vor den Bohnen erhält.

Auswahl geeigneter Mischkulturpartner im Gemüsegarten

Gemüseart	Artischocke	Buschbohne	Chinakohl	Endivie	Erbse	Feldsalat	Gurke	Grünspargel	Kartoffel	Knollenfenchel	Kohlarten	Kohlrabi	Kopfsalat	Mairüben	Mangold	Möhre	Neuseeländer Spinat	Paprika	Pastinake	Porree	Radieschen	Rettich	Rhabarber	Rote Bete	Schwarzwurzeln	Sellerie	Spargel (Bleich-)	Spinat	Stangenbohnen	Tomate	Zichoriensalate	Zucchini	Zuckermais	Zwiebel
Artischocke							■		☒				■													■								
Buschbohne					☒		■		■	☒	■	■	■	■	■	☒				☒	■	■	■	■		■		■		■				☒
Chinakohl		■			■				☒		☒		■			■				☒	☒	☒						■						
Endivie		■								■	■	■				■				■	■	■							■	■				■
Erbse		☒					■		☒	■	■	■	■	■		■				☒	■	■	■	■		■		■	☒	☒			■	☒
Feldsalat											■	■								■	■		■					■	■					■
Gurke		■			■				☒	■	■	■	■								☒	☒		■		■		■	■	☒			■	■
Grünspargel		■			■		■		☒			■	■			■					■									■				☒
Kartoffel		■			☒		☒				☒	■							■					☒		☒		■		☒			■	
Knollenfenchel		☒		■	■	■	■				■	■	■															■	☒	☒	■			
Kohlarten		■		■	■	■	■		☒	■			■		■	■					■	■	■	■		■		■	■	■				☒
Kohlrabi		■	☒		■	■	■		■				■					■		■	■	■		■	■	■	■	■	■	■				■
Kopfsalat		■			■		■			☒	■	■		■		■				■	■	☒	■			☒			■	■				■
Mairüben		■			■								■		■				■							■		■	■	■				
Mangold		■									■	■	■	■		■					■	■		☒				☒	■					
Möhre					■						■	■	■		■					■	■	■			■	■		■		■				■
Neuseeländer Spinat												■	■								■	■								■				
Paprika		☒					■					■																	☒	■				
Pastinake									■				■	■							■	■		■		■		■						■
Porree		☒		■	☒	■	■						■			■					■	■		☒	■	■		■	☒	■				■
Radieschen		■	☒		■		☒					■	■		■	■			■	■								■	■	■				☒
Rettich		■	☒		■		☒					■	■		■	■			■	■								■	■	■				☒
Rhabarber		■				■					■	■	■															■						
Rote Bete		■			■	■	■		☒		■	■	■			☒			■	☒	■	■						☒	☒	☒			☒	■
Schwarzwurzeln												■	■			■				■														■
Sellerie		■			■		■		☒		■	■				■			■	■								■	■	■			☒	■
Spargel (Bleich-)												■	■																					
Spinat		■					■		■		■	■	■	■		■			■	■	■	■	■	☒		■			■	■				☒
Stangenbohne				■	☒	■	■		■	☒	■	■	■	■						☒	■	■				■		■		■		■	■	☒
Tomate		■			☒		■		☒	■	■	■	■			☒	■	■		■	■	■		☒		■		■			■		☒	■
Zichoriensalate										■			■			■								■					■	■				■
Zucchini					■				☒				■									☒						■	■	☒			■	■
Zuckermais		■			■		■						■											☒		☒			■	■		■		
Zwiebel		■			☒	■	■		☒		☒	■	■			☒			■		☒	☒		☒	■		☒	☒		■		■		

■ günstige Kombination ☒ ungünstige Kombination □ neutrale Kombination oder keine Erfahrungen vorliegend

Pflanzenschutzwirkungen in Gemüse-Mischkulturen

Gemüseart	Abwehrwirkung auf Schädlinge oder Krankheiten
Buschbohne	Mehlige Kohlblattlaus, z.B. bei Rosenkohl
Dicke Bohne	siehe Buschbohne
Kohlarten	Sellerierost
Kopfsalat	Erdflöhe bei Kohlrabi und Radieschen, Möhrenfliege
Möhre	Zwiebelfliege, Lauchmotte, Erdflöhe bei Radieschen
Porree	Möhrenfliege, Eulenraupen an Kohl, Grauschimmel (Botrytis) an Erdbeeren
Rote Bete	Fäulniserreger (Bakterium Erwinia carotovora) bei Möhre
Schwarzwurzeln	Möhrenfliege
Sellerie	Kohlweißlingsraupen und Erdflöhe bei Kohlarten
Spargel	Tomaten-Welkekrankheit
Spinat	Erdflöhe bei Radieschen und Rettich
Tomate	Kohlweißlingsraupen, Kohlfliege und Erdflöhe bei Kohlarten, Radieschen und Rettich, Blattläuse, Spargelrost
Zwiebel	Möhrenfliege, Grauschimmel (Botrytis) bei Erdbeeren, Blattlaus bei Kopfsalat, Wurzelläuse bei Möhren

Lauchmotte. Knollenfenchel erwies sich als guter Partner für die Tomate, während Möhren zu einem verstärkten Befall durch die Kraut- und Knollenfäule (Phytophthora) der Tomate führte. Diese Krankheit tritt vor allem dann auf, wenn die Tomate in zu dichtem Mischanbau mit höherwachsenden Partnern steht, so daß die unteren Blüten und Fruchtstände ständig beschattet sind und kaum abtrocknen können. Vorteilhaft sind daher Unterkulturen, die frühzeitig räumen.

Bestimmte Zusammenstellungen sollten Sie andererseits vermeiden, da hierdurch Krankheiten und Schädlinge gefördert werden. Dies gilt für Bohnen und Gurken (Fusarium-Fuß- und Welkekrankheit) sowie Salat und Gurken (Sclerotiniafäule und -welke). Abgesehen von den genannten Pflanzenschutzproblemen handelt es sich hierbei – leider – um sehr verträgliche Kombinationen!

Gewürzkräuter, Obst und Blumen im Mischkulturgarten

Wer erstmals mit Mischkulturen arbeitet, wird der Einfachheit halber wahrscheinlich nur einige Gemüsearten miteinander kombinieren. Eine vielseitige Mischkultur umfaßt aber auch Gewürzkräuter, Erdbeeren, Beeren- und Baumobst sowie Blumen. Vor allem Kräuter eignen sich gut als wachstumsfördernde Partnerpflanzen für Gemüse- und Obstarten, aber auch für verschiedene Zierpflanzen. Längst nicht alle günstigen gegenseitigen Beeinflussungen auf Ertrag, Krankheitswiderstandsfähigkeit, Qualität und Geschmack sind bekannt – hier eröffnet sich für jeden Gartenliebhaber ein weites Feld des Experimentierens und Beobachtens!

Zur Mischkultur mit Gemüse bieten sich insbesondere die ein- und zweijährigen und die zwiebelartigen Gewürzkräuter an. Stauden und Halbsträucher (mehrjährig) sind besser auf eigenen Kulturbeeten aufgehoben, vertragen sich dort aber durchaus mit einigen Gemüsearten sehr gut, wenn diese dazwischengepflanzt werden. So können z.B. überzählige Gemüsejungpflanzen, für die wir auf dem Gemüsebeet keinen Platz mehr finden, gezielt an freien Stellen im Gewürzkräuterquartier gesetzt werden.

- Einjährige Kräuter: Basilikum, Bohnenkraut, Borretsch, Dill, Gartenkresse, Kamille, Kapuzinerkresse, Kerbel, Koriander, Majoran, Portulak
- Zweijährige Kräuter: Barbarakraut, Kümmel, Löffelkraut, Petersilie
- Zwiebelartige Kräuter: Knoblauch, Schnittlauch, Knoblauch-Schnittlauch
- Mehrjährige Kräuter: Beifuß, Bergbohnenkraut, Dost (Oregano), Estragon, Lavendel, Liebstöckel, Meerrettich, Minze-Arten (z.B. Pfefferminze), Pimpinelle, Rosmarin, Salbei, Sauerampfer, Thymian, Waldmeister, Wermut, Ysop, Zitronenmelisse

Die Auswirkungen von Gewürzkräutern in Mischkulturen sind vielfältig:

- Sie tragen zur Schädlings- und Krankheitsabwehr bei (siehe Tabelle Seite 52).
- Sie können im Mischanbau mit Gemüse aromaverbessernd wirken.
- Die Blüte der Gewürzkräuter lockt Bienen und andere nützliche Insekten an; dies spielt vor allem bei Gurken und anderen Kürbisarten eine Rolle, die auf Bienen zur Bestäubung angewiesen sind.

Geschmacksbeeinträchtigungen durch Gewürzkräuter sind bisher bei folgenden Gemüsearten bekannt:

Gemüseart	Aromaverbesserung durch Kräuter
Erbse	Dill
Kartoffel	Koriander, Kümmel, Pfefferminze
Knollenfenchel	Bohnenkraut
Kopfsalat	Bohnenkraut
Radieschen	Gartenkresse
Rote Bete	Dill
Tomate	Petersilie
Zwiebel	Dill

Gemüse kombiniert mit Kräutern, Obst und Blumen

Pflanzenart	Buschbohne	Endivie	Erbse	Feldsalat	Gurke	Grünspargel	Kartoffel	Knollenfenchel	Kohlarten	Kohlrabi	Kopfsalat	Mairübe	Möhre	Neuseeländer Spinat	Porree	Radieschen	Rettich	Romanasalat	Rote Bete	Schwarzwurzel	Sellerie	Spinat	Stangenbohne	Tomate	Winterpostelein	Zichoriensalate	Zucchini	Zwiebel
Kräuter																												
Basilikum					▓			▓												▓				▓			▓	▓
Beifuß									▓	▓																		
Bohnenkraut	▓	▓		▓				▓			▓							▓	▓				▓		▓	▓		▓
Borretsch					▓				▓	▓									▓		▓			▓			▓	
Dill	▓		▓		▓	▓	▓		▓	▓	▓	▓	▓						▓		▓		▓	▓				▓
Estragon					▓																							
Kamille									▓	▓					▓	▓	▓				▓							▓
Kapuzinerkresse			▓		▓		▓		▓	▓													▓	X				
Kerbel	▓	▓									▓					▓	▓											
Knoblauch	X		X		▓		▓		X	X	▓		▓						▓			▓	X	▓				
Koriander					▓		▓		▓	▓									▓									
Kresse											▓					▓	▓											
Kümmel	▓		▓		▓		▓		▓	▓	▓								▓			▓	▓					
Majoran													▓															▓
Meerrettich							▓																					
Petersilie					▓						X				▓	▓	▓							▓		X		▓
Pfefferminze							▓		▓	▓	▓		▓											▓				
Portulak																												X
Rosmarin	▓				X								▓										▓					
Salbei	▓		▓		X			▓	▓	▓			▓										▓					
Schnittlauch	X		X						X	X			▓						X				X	▓				
Thymian									▓	▓																		
Wermut								X																				
Zitronenmelisse									▓	▓																		
Obst																												
Erdbeere	▓			▓	X				X	▓	[illegible]		▓		▓	▓	▓		▓			▓			▓			▓
Himbeere	▓																											
Obstbäume														▓														
Blumen																												
Calendula			▓		▓	▓			▓	▓		▓	▓											▓				
Sonnenblume					▓		X																					
Tagetes	▓						▓		▓	▓																		

▓ günstige Kombination
X ungünstige Kombination
☐ neutrale Kombination oder keine Erfahrungen vorliegend

Pflanzenschutzwirkungen von Kräutern in Mischkulturen

Kräuterart	Abwehrwirkung auf Schädlinge oder Krankheiten
Basilikum	Gurkenmehltau, Fliegen
Bohnenkraut	Schwarze Bohnenlaus
Dill	Blattläuse, Kohlweißling
Echter Lavendel	Blattläuse, Ameisen
Gartenkresse	Schnecken
Gartensalbei	Möhrenfliege, Schnecken, Kohlweißling
Kapuzinerkresse	Ameisen, Schnecken, Kohlweißling
Kerbel	Mehltaubefall an Salaten; Ameisen, Schnecken, Läuse
Knoblauch	Mehltau an Rosen; allgemein wirksam gegen verschiedene Insekten, Nematoden, Pilze und Bakterien; Mäuseabwehr
Meerrettich	Kartoffelkäfer, Monilia bei Obstbäumen
Minzearten	verschiedene Kohlschädlinge, z.B. Erdflöhe und Kohlweißling; Ameisen
Thymian	Schnecken, Kohlweißling
Weißer Senf	Schnecken
Ysop	Schnecken, Kohlweißling

Die allgemeine Abwehrwirkung gegen viele Schädlinge sollten Sie nutzen, indem Sie Gewürzkräuter miteinander kombinieren. Als Hilfe bei der Auswahl passender Partner dienen die Übersicht »Gemüse kombiniert mit Kräutern, Obst und Blumen« (Seite 51) sowie die obenstehende Tabelle »Pflanzenschutzwirkungen von Kräutern in Mischkulturen«. Neben einer reihenweisen Kombination besteht auch die Möglichkeit, einzelne Abwehrpflanzen als Randpflanzen oder als Unterkultur zum Partner zu setzen. Beispielsweise können im Herbst Knoblauchzehen im gesamten Garten verteilt werden. Der Knoblauch enthält sogenannte Lauchöle, die eine antibiotische und schädlingsabweisende Wirkung besitzen. Zusätzlich sorgen die schwefelhaltigen Senföle für eine starke Repellentwirkung (Geruchsabwehr).

Eine besondere Bedeutung kommt dem Gewürzkraut Dill zu, das die Samenkeimung anderer Gemüsearten, insbesondere von Möhren, beschleunigt und somit als Auflaufhilfe wirkt.

Im Mischkulturengarten können wir

aber nicht nur Gemüse mit Kräutern kombinieren, sondern auch Gemüse mit Erdbeeren, Kräuter mit Erdbeeren, Beerenobst und Obstbäumen, Kräuter untereinander sowie Blumen mit Gemüse, Kräutern und Obst. Hierzu jeweils einige Beispiele:

❀ *Gemüse + Erdbeeren*

Zu Erdbeeren passen Buschbohnen, Feldsalat, Kartoffeln, Kohlrabi, Porree, Radieschen, Rettich, Rote Bete, Salate, Spinat, Tomate und Zwiebeln. Ungünstig dagegen wirken sich Gurke sowie Kopf- und Blumenkohl aus.

Die Erdbeere verträgt sich nicht nur mit Knoblauch sehr gut, sondern mit allen Zwiebelgewächsen; möglicherweise wird sogar der Geschmack positiv beeinflußt.

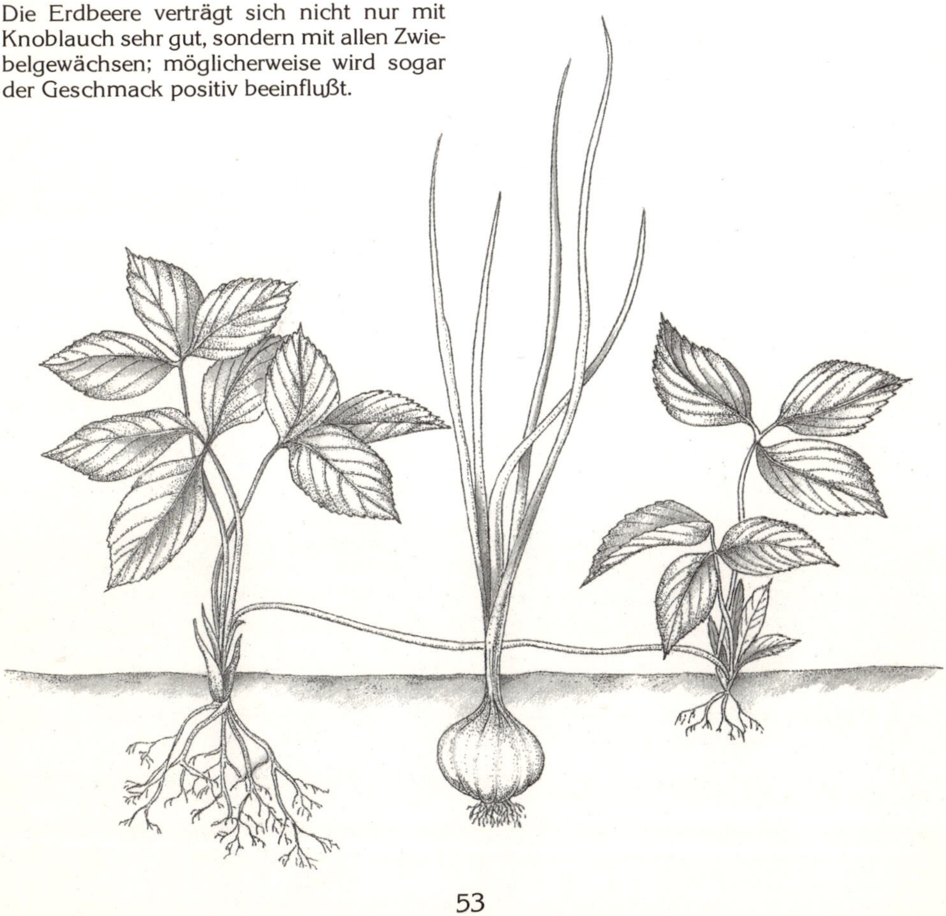

❀ *Kräuter + Erdbeeren*
Borretsch, Knoblauch, Koriander, Kümmel, Petersilie und Schnittlauch eignen sich zur Mischkultur mit Erdbeeren.

❀ *Kräuter + Beerenobst*
Kapuzinerkresse, Knoblauch und der Rainfarn sind geeignete Begleitpflanzen für Beerensträucher. Wermut soll dem Säulenrost der Schwarzen Johannisbeere entgegenwirken.

❀ *Kräuter + Obstbäume*
Zu Obstbäumen passen vor allem Kräuter, die Halbschatten lieben, wie z. B. Waldmeister oder Pfefferminze. Geeignet sind auch Kapuzinerkresse, Knoblauch, Meerrettich, Neuseeländer Spinat, Portulak oder das Gemüse Spinat. Dem Meerrettich schreibt man eine Wirkung gegen die Monilia-Krankheit der Obstbäume zu (auf Senfölen beruhend). Oft wächst auch die Gundelrebe als Wildkraut von selbst unter Obstbäumen. Estragon sollte nicht dort angepflanzt werden. Anzumerken bleibt, daß bei kleinkronigen Apfelbäumen auf schwachwachsender Unterlage (M9) die Baumscheibe besser von jeglichem Bewuchs freigehalten wird, weil dieser sich als starke Nährstoff- und Wasserkonkurrenz auswirkt. Hier ist es vorteilhafter, im Sommer zu mulchen, im Winter jedoch den Boden wegen der Wühlmausgefahr offen zu halten.

❀ *Kräuter + Kräuter*
Im Kräuter-Mischkulturbeet bewähren sich die Kombinationen Dill mit Petersilie, Knoblauch mit Petersilie und Schnittlauch mit Dill. Die Pfefferminze verträgt sich schlecht mit Kamille. Wermut gilt allgemein als unverträglich, er sollte keinesfalls neben Basilikum, Liebstöckel oder Zitronenmelisse stehen, kann aber mit Koriander kombiniert werden.

❀ *Blumen–Mischkulturen*
Blumenbeete stellen im Gegensatz zum Gemüsequartier selten »Monokulturen« dar, meistens finden wir hier eine bunte Vielfalt vor. Aber auch bei den Stauden und Sommerblumen paßt nicht alles zusammen; zu den Leitpflanzen sollten wir geeignete Nachbarn setzen.
Einer besonderen Beliebtheit erfreut sich die Ringelblume (*Calendula*), die sich neben vielen Gemüsearten, Erdbeeren und auch Beerenobst wohl fühlt. Auch Rosenbeete können mit Ringelblumen, Tagetes oder Gewürzkräutern umrandet werden. Knoblauch fördert bei Rosen Blütebildung und Duftentwicklung. Bulgarische Rosenanbauer stellten bereits vor vielen Jahren fest, daß sie bei ge-

Oben: Mischkultur aus Kopfsalat, Porree, Buschbohnen und Kohlrabi.
Unten: Dieselbe Mischkultur drei Wochen später bildet nun einen dichten Pflanzenbestand.

meinsamer Anpflanzung von Rosen und Knoblauch eine höhere Ausbeute an Rosenöl erhielten. Auch Malven, Monardia und die echte Melisse fügen sich gut in Rosenbeete ein.
Die Kaiserkrone (*Fritillaria*), bekannt als Vergrämungspflanze für Wühlmäuse, erweist sich in der Nachbarschaft von Lilien besonders nützlich, da sie das Lilienhähnchen abhält. Kaiserkronen und Lilien lassen sich gut zusammen mit Rosen kombinieren. Zur Mäuse- und Wühlmausabwehr kann auch ein Wolfsmilchgewächs (*Euphorbia lathyris*) angepflanzt werden, das aber einen giftigen Milchsaft enthält.
Als gute Nachbarn für alle Stauden gelten ferner das Mutterkraut (*Matricaria chamomilla*), eine Kamilleart, und die Königskerze (*Verbascum*) als Bienenweide.

Mischkulturbeispiele im Jahreslauf

Welche Vorgehensweise ist zu empfehlen, wenn noch keine Erfahrungen mit dem Mischkulturanbau vorliegen?
Als »Anfänger« sollten Sie entweder nach der Methode von Gertrud Franck beginnen, da hier ein klares und überschaubares System vorgegeben ist, oder aber zunächst einfache Kombinationen, bestehend aus nur zwei Pflanzenarten pro Beet, anbauen. Beliebte Beispiele hierfür sind der Mischanbau aus Salat und Kohlrabi, Kohlrabi und Buschbohne, Zwiebel und Möhre oder Zuckermais und Stangenbohne. Wenn die ersten Erfahrungen gesammelt wurden, können Sie sich allmählich durch Weiterexperimentieren an schwierigere und umfangreichere Kombinationen herantasten. Am Ende der Entwicklung stehen dann sehr intensive Mischkulturen mit optimaler Raumausnutzung, die auf einem Beet normaler Breite (ca. 1,25 m) durch fortlaufende Nachsaaten und Nachpflanzungen oft zehn bis zwölf Reihen gleichzeitig umfassen, ohne daß es zu einer gegenseitigen Behinderung der Pflanzen kommt. Solche »Dichtkulturen« sind aber nur auf sehr wüchsigen Böden oder bei hohen Düngergaben, evtl. kombiniert aus mineralischen und organischen Bestandteilen, erfolgversprechend. Wenn wir viel aus dem Boden herausholen wollen, müssen wir auch einiges hineinstecken, d.h., den Nährstoffentzug der Pflanzen kompensieren!
Voraussetzung für eine eigene Mischkulturplanung ist die genaue Kenntnis von Saatterminen und Keimdauer, Platzbedarf, Entwicklungsdauer bis zur Ernte und der Verträglichkeiten der einzelnen Pflanzenarten. Als Hilfe bei der Wahl der Pflanzabstände dient die Tabelle »Sä- und Pflanzabstände der Gemüsearten«. Die angegebenen Werte

Oben: Zwiebeln und Kopf- oder Pflücksalate stellen verträgliche Mischkulturpartner dar.
Unten: Hügelbeete werden zwar traditionell mit Mischkulturen bepflanzt, bieten jedoch wegen des zunächst sehr hohen Nährstoffgehaltes ungünstige Voraussetzungen für eine vielseitige Mischkultur.

gelten für die letzte Phase vor der Ernte; anfangs dagegen sind noch Zwischenkulturen möglich, da der Platzbedarf noch nicht so groß ist. Ein zu enger Stand sollte aber in Mischkulturen vermieden werden, weil hierdurch infolge mangelnder Durchlüftung das Auftreten von Pilzkrankheiten begünstigt wird. Der Fruchtwechsel darf auch in Mischkulturen nicht völlig vernachlässigt werden. Innerhalb desselben Jahres sowie im Folgejahr sollte nach Möglichkeit nicht dieselbe oder eine artverwandte Pflanze auf dem Beet stehen.

Ein vierjähriger Fruchtwechsel läßt sich bei solch intensiver Beetnutzung mit einer Vielzahl an Arten im Jahreslauf kaum durchführen und ist auch nicht erforderlich. Der Mischkulturanbau erschwert auch die Durchführung einer

Sä- und Pflanzabstände der Gemüsearten

Gemüseart	Reihenabstand (cm)	Abstand in der Reihe (cm)	Gemüseart	Reihenabstand (cm)	Abstand in der Reihe (cm)
Artischocke	100	100	Pflücksalat		
Buschbohne	50	40	'Lollo Rossa'	20–25	20
Chinakohl	40	40	Porree	30–40	15–20
Endivie	30	30	Radieschen	15	5
Erbse	30–40	3	Rettich	20–30	20
Feldsalat	15	2–3	Rhabarber	150	50
Gurke (Freiland)	120–150	30–40	Rote Bete	25–30	15
Grünspargel	120	50	Schwarzwurzeln	25–30	4–6
Kartoffel	50–60	30–40	Sellerie (Knollen-)	40–50	40
Knollenfenchel	40	20–30	Spargel	160	50
Kohlrabi	25–30	25–30	Spinat	25–30	3–5
Kopf- und			Stangenbohne	100	60
Blumenkohl	50–60	40–50	Tomate	80–100	40
Kopfsalat	25–30	25–30	Winterpostelein*	10	1-3
Mairübe	30–40	10–20	Zichoriensalate		
Mangold	40	30	Chicorée	30	15
Möhre	25–40	2–4	Radicchio	20	30
Neuseel. Spinat	100	60	Zuckerhut	40	25
Paprika	60	40–50	Zucchini	100	100
Pastinake	40	8–10	Zuckermais	60–80	15
			Zwiebel	30	5

*) oder breitwürfig säen

Gründüngung, da die Beete selten auf der gesamten Fläche zugleich frei werden. Hier können Sie sich durch die reihenweise Einsaat von Gründüngungspflanzen behelfen.
Als Anregung für die Gestaltung von Mischkulturbeeten werden im folgenden zwölf Planungsbeispiele für einfache bis mittelschwere Zusammenstellungen gegeben. Die Beete weisen eine Breite von 1,25 m auf; hierdurch können eine (z. B. Zucchini) bis acht Reihen (z. B. Radieschen oder Feldsalat) pro Beet angeordnet werden. Die Reihenabstände lassen sich aus der Spalte an der linken Seite der Tabellen entnehmen.

Beispiel Nr. 1

Abst.	Jan.	Febr.	März	Apr.	Mai	Juni	Juli	Aug.	Sept.	Okt.	Nov.	Dez.
25			Steckzwiebel					Radieschen	Winterpostelein			
								Radieschen	Winterpostelein			
25			Möhre					Pflücksalat Lollo Rossa	Feldsalat			
									Feldsalat			
25			Dill					Pflücksalat Lollo Rossa	Feldsalat			
									Feldsalat			
25			Möhre					Radieschen	Winterpostelein			
25			Steckzwiebel					Radieschen	Winterpostelein			

Die Vorkultur umfaßt Steckzwiebeln, Möhren und Dill. Wird dem Möhrensaatgut etwas Dillsamen beigemischt, wirkt dieser als Auflaufhilfe (Beschleunigung der Samenkeimung). Die Zwiebel steht, ihren Bedürfnissen entsprechend, in den Außenreihen etwas trockener als die Möhren. Bei der Zwischenkultur im August/September sollte für den Pflücksalat 'Lollo Rossa' ca. 20 cm, für die Radieschen 15 cm Reihenabstand eingeplant werden. Feldsalat und Winterpostelein (Winterportulak, Kubaspinat) können in wechselnden Reihen Ende September als Überwinterungskulturen ausgesät werden.

* * * * *

Beispiel Nr. 2

Dieses Beet kann als Folgekultur zum Beet in Beispiel Nr. 1 betrachtet werden. Nach der Ernte der Überwinterungskulturen wird Anfang Mai Zuckermais gesät und bis zur Keimung mit Schlitz- oder Lochfolie bzw. Vlies bedeckt (vor

allem bei niedrigen Temperaturen empfehlenswert). Zuckermais kann aber auch vorkultiviert und ausgepflanzt werden. Der Mais sollte einen Wachstumsvorsprung von vier Wochen erhalten, ehe an den Außenseiten (nicht beschattet) Stangenbohnen dicht neben den Maispflanzen gesät werden. Die Bohnen benutzen dann den Mais als Rankhilfe bzw. »Kletterstange«, und es sieht lustig aus, wenn der Mais später Bohnen trägt (siehe Abb. Seite 47).

Abst.	Jan.	Febr.	März	Apr.	Mai	Juni	Juli	Aug.	Sept.	Okt.	Nov.	Dez.
15	Winterpostelein				Zuckermais (A V) mit Stangenbohnen (E V)					Winter-gründüngung		
15	Winterpostelein											
15	Feldsalat											
15	Feldsalat											
15	Feldsalat				Zuckermais (A V) mit Stangenbohnen (E V)							
15	Feldsalat											
15	Winterpostelein											
15	Winterpostelein											

✳ ✳ ✳ ✳ ✳

Beispiel Nr. 3

Abst.	Jan.	Febr.	März	Apr.	Mai	Juni	Juli	Aug.	Sept.	Okt.	Nov.	Dez.
40	Winter-gründüngung				Rot- und Grünkohl							
40					Knollensellerie							
40					Weiß- und Blumenkohl							

Beispiel Nr. 3 kann wiederum als Fortsetzung des vorhergehenden Beispiels gesehen werden. Nach Einarbeitung der Wintergründüngung sollte der Boden noch kurze Zeit ruhen, dann können wir Knollensellerie mit verschiedenen Herbstkohlarten pflanzen. Der Sellerie soll Kohlweißlingsraupen und Erdflöhe von den Kohlpflanzen fernhalten. Empfehlenswert ist – wie bei sämtlichen Pflanzkulturen! –, die Jungpflanzen benachbarter Reihen jeweils »auf Lücke« zu setzen, um eine bessere Raumaufteilung zu erhalten. Kohl und Sellerie als Starkzehrer profitieren in dieser Mischkultur von der Mineralisierung der Gründüngungsmasse und ständigen Nährstoffnachlieferung.

✳ ✳ ✳ ✳ ✳

Beispiel Nr. 4

Abst.	Jan.	Febr.	März	Apr.	Mai	Juni	Juli	Aug.	Sept.	Okt.	Nov.	Dez.
50				Frühkartoffel				Zuckerhut + Radicchio				
25				Kümmel + Koriander				Knollenfenchel				
50				Frühkartoffel				Endivie				

In milden klimatischen Gegenden können Frühkartoffeln bereits Mitte März gesteckt werden. Pro Beet legen wir zwei Reihen an, indem wir in Furchen pflanzen und die Reihen dann anhäufeln. Zur Aromaverbesserung wird ab Anfang April zwischen den Kartoffelreihen Kümmel und Koriander gesät. Als Herbstkulturen kommen beispielsweise Knollenfenchel und die verschiedenen Zichoriensalate in Frage, die sich sehr gut miteinander vertragen.

✳ ✳ ✳ ✳ ✳

Beispiel Nr. 5

Die Vorkulturen können zur Wachstumsbeschleunigung evtl. kurzfristig mit Schlitz- oder Lochfolie bzw. Vlies abgedeckt werden. Nach dem Abernten des Spinats erfolgt die Aussaat der Gurken oder auch das Setzen vorgezogener Pflanzen. Ehe die Gurken zu stark in die Breite ranken, ist auch der Rettich abgeerntet. Die Randstreifen mit blühendem Basilikum und Borretsch locken Bienen an, auf die die Gurken zur Bestäubung angewiesen sind.

Abst.	Jan.	Febr.	März	Apr.	Mai	Juni	Juli	Aug.	Sept.	Okt.	Nov.	Dez.
25				Rettich		Basilikum						
25			Spinat									
25			Spinat			Einlegegurken						
25			Spinat									
25				Rettich		Borretsch						

* * * * *

Beispiel Nr. 6

Abst.	Jan.	Febr.	März	Apr.	Mai	Juni	Juli	Aug.	Sept.	Okt.	Nov.	Dez.
15	Feldsalat				Rote Bete mit Dill							
15	Feldsalat			Doppelreihe Markerbsen				Winterrettich				
15	Feldsalat											
15	Feldsalat							Winterrettich				
15	Feldsalat			am Maschendraht								
15	Feldsalat							Winterrettich				
15	Feldsalat											
15	Feldsalat				Rote Bete mit Dill							

Nach Ernte der Winterkultur legen wir in der Beetmitte eine Doppelreihe mit Markerbsen an, die an einem Maschendraht emporranken. An beiden Außenseiten des Beetes erfolgt die Aussaat von Roter Bete (auch schon im April möglich). Dill zwischen den Rote-Bete-Pflanzen trägt zu deren Aromaverbesserung bei. Die Roten Rüben vertragen sich sowohl mit den Erbsen als auch mit dem nachfolgenden Winterrettich ausgezeichnet.

Beispiel Nr. 7

Abst.	Jan.	Febr.	März	Apr.	Mai	Juni	Juli	Aug.	Sept.	Okt.	Nov.	Dez.
30	Mangold (Überwinterung)				Neuseeländer Spinat							
15			Radieschen									
30	Mangold (Überwinterung)				Tomaten							
15			Radieschen									
30	Mangold (Überwinterung)				Neuseeländer Spinat							

Mangold ist ein winterhartes Gemüse; im Sommer (Juli) des Vorjahres gesät, kann er im folgenden Jahr bis zum Blühbeginn beerntet werden. Dieser Zeitpunkt fällt witterungsabhängig in den Mai oder Juni. Werden statt vier nur drei Mangoldreihen pro Beet angelegt, passen dazwischen noch kleinbleibende Kulturen wie Radieschen. Nach den »Eisheiligen« pflanzen wir in die Beetmitte eine Tomatenreihe und an den Seiten als bodendeckende Unterkultur Neuseeländer Spinat. Dieser eignet sich in idealer Weise für diesen Zweck, weil er durch seinen flach am Boden kriechenden Wuchs die unteren Blütenstände der Tomate nicht beschattet (im Gegensatz beispielsweise zur Kapuzinerkresse!). Neuseeländer Spinat kann bis zum Herbst laufend beerntet werden.

* * * * *

Beispiel Nr. 8

Abst.	Jan.	Febr.	März	Apr.	Mai	Juni	Juli	Aug.	Sept.	Okt.	Nov.	Dez.
25			Spinat				Knollenfenchel					
15			Radieschen									
15			Radieschen		Tomaten mit Petersilie							
15			Radieschen									
15			Radieschen									
15			Radieschen									
25			Spinat				Knollenfenchel					

Die Radieschen fallen im Frühjahr in größeren Mengen an, können teilweise aber auch durch Gartenkresse ersetzt werden. Die Hauptkultur Tomate wird hier zwecks Geschmacksverbesserung zusammen mit Petersilie angebaut. Sie verträgt sich auch gut mit Knollenfenchel, da dieser ihr mit seinem buschigen Laub erst nach der Ernte des untersten Fruchtstandes »zuleibe rückt«.

* * * * *

Beispiel Nr. 9

Abst.	Jan.	Febr.	März	Apr.	Mai	Juni	Juli	Aug.	Sept.	Okt.	Nov.	Dez.
25			Kopfsalat + Kohlrabi			Phacelia		Erdbeeren				
			Radieschen									
25			Radieschen									
			Kopfsalat + Kohlrabi						Knoblauch			
25			Radieschen					Erdbeeren				
25			Radieschen									
25			Kopfsalat + Kohlrabi									
			Folie									

Die Frühkulturen werden von der Aussaat bzw. Pflanzung bis Ende April/ Anfang Mai mit Schlitz- oder Lochfolie bzw. Vlies bedeckt. Der Abnahmetermin hängt von der Witterung ab (nur an trüben Tagen, nie bei Sonneneinstrahlung abdecken!). Die Sommerpause überbrücken wir durch den Anbau der Gründüngungspflanze Phacelia. Dies bewirkt eine Kur für den Boden, der auch im Mischkulturgarten strapaziert wird! Anfang August setzen wir zwei Reihen mit Erdbeerpflanzen (50 cm Reihenabstand, in der Reihe 25–30 cm) und stecken im September oder Oktober dazwischen Knoblauchzehen. Dem Knoblauch sagt man eine aromaverbessernde Wirkung bei Erdbeeren nach.

* * * * *

Beispiel Nr. 10

Nach einer vielseitigen Frühjahrsmischkultur unter Folien- oder Vliesbedekkung folgen im Sommer Buschbohnen und Kohlrabi. Das dazwischen gesäte Bohnenkraut schützt die Buschbohne vor Befall durch die Schwarze Bohnenlaus. Zwischen den Buschbohnenreihen muß genügend Platz bleiben, damit die Kohlrabipflanzen nicht »erdrückt« werden. Werden diese allerdings gleichzeitig mit der Bohnensaat ausgepflanzt, findet die Ernte bereits frühzeitig statt, so daß noch ein Nachbau von Feldsalat möglich ist.

Abst.	Jan.	Febr.	März	Apr.	Mai	Juni	Juli	Aug.	Sept.	Okt.	Nov.	Dez.
25			Radieschen Radieschen			Buschbohne mit						
25			Kopfsalat			Bohnenkraut						
25			Spinat			Kohlrabi			Feldsalat Feldsalat			
25			Kopfsalat			Buschbohne mit						
25			Radieschen Radieschen			Bohnenkraut						
			Folie	Folie								

* * * * *

Beispiel Nr. 11

Abst.	Jan.	Febr.	März	Apr.	Mai	Juni	Juli	Aug.	Sept.	Okt.	Nov.	Dez.
25			Möhren					Kohlrabi + Salat				
25			Schwarzwurzel									
25			Kohlrabi			Herbstporree						
25			Schwarzwurzel									
25			Möhre					Kohlrabi + Salat				
			Folie	Folie								

* * * * *

Schwarzwurzeln, eine selten angebaute Gemüseart, vertragen sich gut mit allen vier Begleitkulturen. Da Kohlrabi im Frühanbau frostempfindlich ist, wird das Beet bis Ende April/Anfang Mai mit Schlitz- oder Lochfolie bzw. Vlies abgedeckt. Nach der Ernte des Porrees im Spätherbst können nun auch die Schwarzwurzeln aus dem Boden geholt werden. Die gute Bodendurchwurzelung und -lockerung durch den Porree erleichtert uns die Schwarzwurzelernte. Dennoch ist diese Kultur nur für tiefgründige, humose Sandböden, nicht aber für mittelschwere oder schwere Lehmböden geeignet.

Beispiel Nr. 12

Abst.	Jan.	Febr.	März	Apr.	Mai	Juni	Juli	Aug.	Sept.	Okt.	Nov.	Dez.
30				Mairübe				Eissalat				
30				Pastinake								
30				Mairübe				Eissalat				
30				Pastinake								

Mairüben gehören zu den Kohlgewächsen und werden vor allem im Rheinland zur Gewinnung des Rübstiel-Gemüses angebaut, das in vielen anderen Gegenden weitgehend unbekannt ist. Die der Wurzelpetersilie ähnelnde Pastinake hat als gesundheitlich wertvolles, sehr nitratarmes »Alternativgemüse« für Rohkost, Suppengrün und Salate in den letzten Jahren an Beliebtheit gewonnen. Die beiden Gemüsearten vertragen sich gut miteinander. Während bei der Mairübe nach der Ernte im Juli noch eine Nachkultur möglich ist, bleibt die Pastinake bis zum Spätherbst im Boden und kann sogar dort überwintern.

* * * * *

Die zwölf Planungsbeispiele beziehen sich auf den Anbau im Freien. Es bestehen aber keine wesentlichen Unterschiede zu Mischkulturen im geschützten Anbau, d.h. im Frühbeet und in Folien- oder Kleingewächshäusern. Das Frühbeet enthält meistens ohnehin mehrere Gemüsearten auf kleiner Fläche, wie beispielsweise Radieschen und Eiszapfen, Kopf-, Pflück- und Schnittsalate, Frühmöhren, Kohlrabi, Rettich, Spinat, Feldsalat und Winterpostelein.

Sofern Folien- und Kleingewächshäuser im Frühjahr nicht zur Jungpflanzenanzucht verwendet werden, bauen wir hier die gleichen Kulturen an wie im Frühbeet. Im Sommer benötigen wir die Häuser für wärmebedürftige Kulturen. Als Mischkulturen bieten sich Tomaten in Nachbarschaft zu Paprika und Gurken an. Als Unterkulturen können den Tomaten Basilikum und die Ringelblume zugesellt werden. Stangen- und Buschbohnen vertragen sich zwar mit Gurken, Zucchini und Tomaten, sollten aber aufgrund des viel geringeren Nährstoff- und Wasserbedarfs nicht zusammen angebaut werden. Zur Abwehr der Schwarzen Bohnenlaus können Sie auch hier Bohnenkraut zwischen die Pflanzen setzen. Zu Gurken und allen anderen Kürbisgewächsen passen

Kräuter wie Borretsch und Basilikum oder die Ringelblume.
Die Herbstnutzung der Folien- und Kleingewächshäuser entspricht wieder weitgehend der des Frühjahrs. Für die Ernte im Spätherbst eignen sich außer Radieschen, Salaten, Kohlrabi und Spinat auch die Winterendivie und Knollenfenchel, die gut nebeneinander stehen können. Als Überwinterungskulturen kommen wie im Freien vor allem Feldsalat, Winterpostelein und Winterspinat in Betracht.

Mischkulturen für Hügelbeete?

Mischkulturen werden zuweilen auch in Verbindung mit dem Anbau auf Hügelbeeten empfohlen.
Zunächst sollten wir uns einmal Aufbau und Funktionsweise eines Hügelbeetes vor Augen führen. Ein Hügelbeet stellt im Grunde eine Art bepflanzten Komposthaufen dar. Bei der Anlage wird der Boden auf etwa 1,50 m Breite bei beliebiger Länge 25 cm tief ausgeschachtet. Das »Herzstück« des Beetes bildet eine ca. 50 cm hohe Schicht aus Schnittholz und Reisig, die in der Mitte des ausgehobenen Bodenstückes als abgerundeter Walm aufgeschüttet wird. Der Kern aus Holzteilen dient der Belüftung und Drainage und sorgt für mehrere Jahre anhaltende Verrottungsvorgänge im Innern. Diese Lage decken wir mit umgedrehten Grassoden ab. Es folgen weitere Lagen mit groben Gartenabfällen oder feuchtem Laub (Dicke ca. 20 cm), halbreifem Kompost oder verrottetem Stallmist (ca. 15 cm) und zuletzt Gartenerde, evtl. mit gesiebtem Feinkompost vermischt (ca. 15 cm).
Aus dem geschilderten Aufbau ergibt sich, daß im Innern des Hügelbeetes intensive Verrottungsprozesse mit entsprechender Hitzeentwicklung ablaufen. Nur wenige Pflanzenarten, wie z.B. Kürbisgewächse und Tomaten, vertragen das Einwurzeln in die tiefgelegenen Schichten. Die hohe Nährstoffnachlieferung insbesondere in den ersten beiden Jahren bewirkt, daß bei einer Reihe von Gemüsearten (u.a. Spinat, Mangold, Rote Bete, Chinakohl, Kopfsalat, Knollenfenchel) sehr hohe und möglicherweise gesundheitsschädigende Nitratgehalte auftreten können. Für den Mischkulturenanbau bedeutet dies, daß

Querschnitt durch ein Hügelbeet: a. Kern aus Schnittholz, Reisig und anderen groben Teilen, b. Rasensoden (umgedreht), c. grobe Pflanzenabfälle, d. halbreifer Kompost, e. Gartenerde

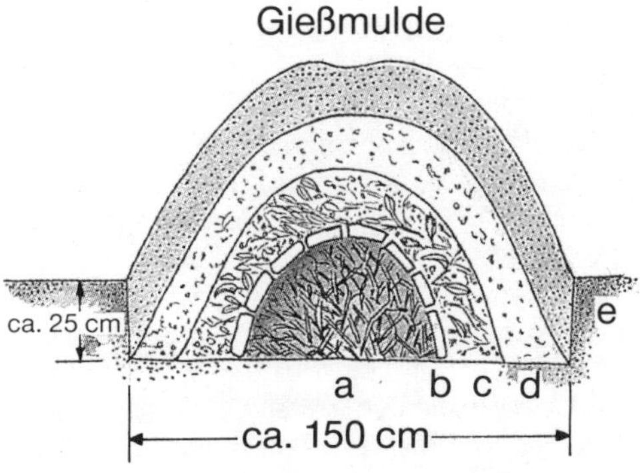

in den ersten zwei bis drei Jahren nach Anlage des Hügelbeetes keinesfalls nitratsammelnde Gemüsearten angebaut werden sollten. Im ersten Jahr kommen praktisch nur Kürbisgewächse, Tomaten und Zuckermais in Frage, im zweiten Jahr zusätzlich Kartoffeln und Sellerie, im dritten weitere Stark- und Mittelzehrer (Kohlarten) und erst ab dem vierten Jahr auch Schwachzehrer und Leguminosen. Es können also, je nach Alter des Hügelbeetes, längst nicht alle Gemüsearten angebaut werden. Eine vielseitige Mischkultur, wie sie angestrebt wird, ist erst nach einigen Jahren möglich, wenn das Beet bereits in sich zusammengesunken ist. Die für ein Hügelbeet benötigten enormen Mengen an organischem Material werden daher im Mischkulturengarten sinnvoller zur Bodenbedeckung oder Kompostierung verwendet.

Kulturmaßnahmen im Mischkulturgarten

Mulchen und Bodenbearbeitung

Wir können das ganze Jahr über mulchen und sparen dadurch viel Hack- und Gießarbeit! Zu diesem Zweck eignen sich u. a. Kompost, Grasschnitt, Heu, Strohhäcksel, Pflanzenabfälle, gehacktes Unkraut und Gründüngungs-Mähgut. Das Material sollte gut zerkleinert werden, um eine schnelle Zersetzung zu erreichen. Die Mulchauflage ist regelmäßig zu erneuern und darf nur gerade so dick sein, daß der Boden nicht mehr sichtbar ist. Bei einer zu dicken Mulchschicht wird die Durchlüftung behindert, und es entstehen Fäulnisprozesse. Der Boden soll eine »Haut«, aber keinen »Deckel« erhalten, unter dem er erstickt! Außerdem locken Fäulnisgerüche Gemüsefliegen an, und Schnecken sowie Wühlmäuse fühlen sich unter dicken Mulchauflagen besonders wohl.

Im Herbst brauchen wir nur schwere, lehmige Böden umzugraben, ansonsten reicht es aus, den Boden mit der Grabgabel zu lockern. Im Frühjahr ziehen wir die Beete mit Krail und Rechen glatt und können nun die ersten Aussaaten oder Pflanzungen vornehmen. Im Laufe der Kulturzeit hacken wir frei werdende Reihen auf den Mischkulturbeeten flach durch; bei verdichtetem Boden ziehen wir einen Krail oder Kultivator, evtl. auch einen Sauzahn, zum Lockern durch den Boden. Die zerkleinerten Ernterückstände können als Mulchmaterial liegenbleiben. Vor Aussaaten räumen wir sie besser ab, um die Keimung nicht zu behindern.

Düngung

Die Düngung ist ein etwas problematisches Kapitel im Mischkulturgarten, da hier das ganze Jahr über Pflanzen mit unterschiedlichen Nährstoffansprüchen, aber auch verschiedenen Entwicklungsstadien in enger Nachbarschaft stehen. Düngergaben werden zwangsläufig auch von benachbarten Reihen aufgenommen; während aber Reihe A dringend Nährstoffe benötigt, steht vielleicht Reihe B acht bis vierzehn Tage vor der Ernte und sollte zu diesem Zeitpunkt keinesfalls mehr gedüngt werden (Gefahr erhöhter Nitratgehalte in den Pflanzen, vor allem bei Salat, Spinat, Rote Bete, Mangold und Feldsalat). Bei beetweiser Kultur ist daher eine wesentlich gezieltere Düngung möglich als im Mischanbau.

Bei Mischkulturen empfiehlt sich eine jährliche Grunddüngung der gesamten Fläche im Frühjahr und eine möglichst gezielte Nachdüngung starkzehrender Pflanzen bzw. Pflanzreihen im Laufe des Jahres. Unentbehrlich für die Auswahl des richtigen Düngers und die Bemessung der Düngermenge ist dabei die Bodenprobenahme, die mindestens alle zwei bis drei Jahre im Spätherbst oder gegen Ende des Winters erfolgen sollte.

Welche Dünger setzen wir nun am besten ein?

Hierzu einige grundsätzliche Anmerkungen:

Der Mischkulturgarten ist zwar in erster Linie ein »Markenzeichen« des Bio-Gärtners, wer jedoch bisher Mineraldünger (»Kunstdünger«) verwendet hat und es auch weiterhin tun möchte, muß deswegen nicht auf den Mischkulturenanbau verzichten! Unbestreitbar können diese Dünger in bestimmten Fällen Wunder wirken:

1. Im zeitigen Frühjahr, wenn sich der Boden noch nicht genügend erwärmt hat und nur wenig Stickstoff aus den Bodenvorräten mineralisiert wird.
2. Bei Nährstoffmangelerscheinungen an den Pflanzen (gelbe oder violette Verfärbung älterer Blätter), wie sie beispielsweise nach starken Niederschlägen durch Sickerverluste im Boden auftreten können.
3. Bei überständigen Gemüsejungpflanzen mit Mangelerscheinungen, da hier erhöhte Gefahr von Schossern bzw. Vorblühern besteht (z.B. bei Sellerie und Blumenkohl).

Eine Zusatzdüngung mit mineralischen Stickstoffdüngern erweist sich jedoch nur in diesen Fällen als sinnvoll oder notwendig, denn vom Frühsommer bis zum Herbst stellt der Boden den Pflanzen meistens genügend Nährstoffe aus dem organischen Potential zur Verfügung.

Bei Ablehnung mineralischer Stickstoffdünger gibt es eine Vielzahl anderer Möglichkeiten zur Nährstoffversorgung, so beispielsweise Kompost, Stallmist, organische Handelsdünger wie Horn-, Knochen- oder Blutmehl und Rizinusschrot, Gründüngung und Mulchmaterial, Pflanzenjauchen und Algenextrakte. Bei Kompost können als Faustregel für die jährliche Aufwandmenge 4–8 kg/m^2 angenommen werden. Stallmist darf wegen der Nährstoffauswa-

schung in den Wintermonaten keinesfalls im Herbst »untergegraben« werden. Zur Versorgung mit Kalium, Magnesium, Kalk und Spurenelementen bieten sich Kalimagnesia (= Patentkali), kohlensaurer Kalk und Gesteinsmehle an.

Keinesfalls darf Stallmist im Herbst »untergegraben« werden – im Laufe des Winters wird das darin enthaltene Nitrat in tiefer gelegene Bodenschichten ausgewaschen. Hier erreichen es die Pflanzenwurzeln im Frühjahr nicht mehr; zuletzt gelangt das Nitrat ins Grundwasser.

Pflanzenschutz

Im Mischkulturengarten fördern wir durch den Anbau der bekannten Pflanzenkombinationen mit gegenseitiger Schädlings- und Krankheitsabwehr die Gesunderhaltung unserer Kulturen. Wenn dennoch Schädlinge oder Pflanzenkrankheiten auftreten, ist das oftmals auf zuvor begangene Kulturfehler zurückzuführen. Pilzkrankheiten werden beispielsweise durch abendliches Bewässern, zu dichte Bestände, nicht ausreichende Belüftung von Frühbeet-

kästen und Gewächshäusern, Nährstoffmangel oder Überdüngung und Verwendung anfälliger Sorten begünstigt.
Ist nun ein Schaden eingetreten, so kommt ein Einsatz chemischer Pflanzenschutzmittel (Fungizide, Insektizide) in Mischkulturen meistens nicht in Frage: Viele dieser Mittel sind jeweils nur für bestimmte Pflanzenarten, nicht jedoch für alle Mischkulturpartner zugelassen. Außerdem bestehen je nach Pflanzenart unterschiedlich lange Wartezeiten bis zur Ernte. Nicht zuletzt sollten Sie auch aufgrund der Gefährdung bei der Anwendung, den vielfältigen Fehlerquellen bei der Ausbringung und der Abdriftgefahr auf Nachbarbeete und Nachbargarten auf hochwirksame Mittel von teilweise erheblicher Giftigkeit verzichten.
Zur Vorbeugung oder unmittelbaren Bekämpfung einiger wichtiger Gartenschädlinge bleiben die folgenden Möglichkeiten:

- Blattläuse können durch einen Brennnessel-Kaltwasserauszug, durch Mittel auf Kaliseifenbasis oder pyrethrumhaltige Mittel bekämpft werden.
- Gegen Raupen sollten Sie durch regelmäßige Kontrolle der Blattunterseiten (Eigelege des Kohlweißlings) und Absammeln, evtl. auch durch Anwendung eines Spritzmittels auf der Basis von Bacillus thuringiensis (nützliche Bakterie, die Raupen vernichtet) vorgehen.
- Gegen Gemüsefliegen hilft vorbeugend der Verzicht auf starkriechende organische Dünger und das Anhäufeln gefährdeter Kulturen. Seit einigen Jahren bewähren sich auch sogenannte Kulturschutznetze (siehe Bildtafel auf Seite 37). Diese feinmaschigen Polyethylennetze werden kurz nach der Aussaat oder Pflanzung aufgelegt, sorgfältig an den Rändern befestigt und erst ein bis zwei Wochen vor der Ernte wieder entfernt. Sie wirken nicht nur gegen Gemüsefliegen, sondern auch gegen Raupen- und Lauchmottenbefall; außerdem behindern sie den Zuflug der Weißen Fliege und der Mehligen Kohlblattlaus.
- In Folien- und Kleingewächshäusern können einige Schädlinge durch das Aussetzen von Nützlingen (Namen in Klammern) bekämpft werden: Weiße Fliege (Schlupf- bzw. Erzwespe), Spinnmilben (Raubmilbe) und Blattläuse (Larve einer Gallmückenart).
- Schnecken lassen sich erfolgreich ködern. Duftende Köder sind nur in Verbindung mit einem den Garten umgebenden Schneckenzaun sinnvoll, da sonst Schnecken von außerhalb angelockt werden.
- Zur Bekämpfung von Wühlmäusen eignen sich in erster Linie Fallen und Köder aus vergiftetem Johannisbrot (im Gartenfachhandel erhältlich).

Gegen Pilzkrankheiten hilft prophylaktisch vor allem Schachtelhalmtee, der infolge seines enormen Kieselsäuregehaltes die Widerstandsfähigkeit der Pflanzen stärkt.

Register